U0145231

思想的・睿智的・獨見的

經典名著文庫

學術評議

丘為君　吳惠林　宋鎮照　林玉体　邱燮友
洪漢鼎　孫效智　秦夢群　高明士　高宣揚
張光宇　張炳陽　陳秀蓉　陳思賢　陳清秀
陳鼓應　曾永義　黃光國　黃光雄　黃昆輝
黃政傑　楊維哲　葉海煙　葉國良　廖達琪
劉滄龍　黎建球　盧美貴　薛化元　謝宗林
簡成熙　顏厥安（以姓氏筆畫排序）

策劃　楊榮川

五南圖書出版公司 印行

經典名著文庫

學術評議者簡介（依姓氏筆畫排序）

- 丘為君　美國俄亥俄州立大學歷史研究所博士
- 吳惠林　美國芝加哥大學經濟系訪問研究、臺灣大學經濟系博士
- 宋鎮照　美國佛羅里達大學社會學博士
- 林玉体　美國愛荷華大學哲學博士
- 邱燮友　國立臺灣師範大學國文研究所文學碩士
- 洪漢鼎　德國杜塞爾多夫大學榮譽博士
- 孫效智　德國慕尼黑哲學院哲學博士
- 秦夢群　美國麥迪遜威斯康辛大學博士
- 高明士　日本東京大學歷史學博士
- 高宣揚　巴黎第一大學哲學系博士
- 張光宇　美國加州大學柏克萊校區語言學博士
- 張炳陽　國立臺灣大學哲學研究所博士
- 陳秀蓉　國立臺灣大學理學院心理學研究所臨床心理學組博士
- 陳思賢　美國約翰霍普金斯大學政治學博士
- 陳清秀　美國喬治城大學訪問研究、臺灣大學法學博士
- 陳鼓應　國立臺灣大學哲學研究所
- 曾永義　國家文學博士、中央研究院院士
- 黃光國　美國夏威夷大學社會心理學博士
- 黃光雄　國家教育學博士
- 黃昆輝　美國北科羅拉多州立大學博士
- 黃政傑　美國麥迪遜威斯康辛大學博士
- 楊維哲　美國普林斯頓大學數學博士
- 葉海煙　私立輔仁大學哲學研究所博士
- 葉國良　國立臺灣大學中文所博士
- 廖達琪　美國密西根大學政治學博士
- 劉滄龍　德國柏林洪堡大學哲學博士
- 黎建球　私立輔仁大學哲學研究所博士
- 盧美貴　國立臺灣師範大學教育學博士
- 薛化元　國立臺灣大學歷史學系博士
- 謝宗林　美國聖路易華盛頓大學經濟研究所博士候選人
- 簡成熙　國立高雄師範大學教育研究所博士
- 顏厥安　德國慕尼黑大學法學博士

經典名著文庫003

對笛卡兒《沉思錄》的詰難

Disquisitiones Anticartesianae

伽森狄 著
(Pierre Gassendi)
龐景仁 譯

經典永恆・名著常在

五十週年的獻禮・「經典名著文庫」出版緣起

總策劃 楊榮川

五南，五十年了。半個世紀，人生旅程的一大半，我們走過來了。不敢說有多大成就，至少沒有凋零。

五南忝爲學術出版的一員，在大專教材、學術專著、知識讀本出版已逾壹萬參仟種之後，面對著當今圖書界媚俗的追逐、淺碟化的內容以及碎片化的資訊圖景當中，我們思索著：邁向百年的未來歷程裡，我們能爲知識界、文化學術界做些什麼？在速食文化的生態下，有什麼值得讓人雋永品味的？

歷代經典・當今名著，經過時間的洗禮，千錘百鍊，流傳至今，光芒耀人；不僅使我們能領悟前人的智慧，同時也增深我們思考的深度與視野。十九世紀唯意志論開創者叔本華，在其〈論閱讀和書籍〉文中指出：「對任何時代所謂的暢銷書要持謹慎的態度。」他覺得讀書應該精挑細選，把時間用來閱讀那些「古今中外的偉大人物的著作」，閱讀那些「站在人類之巔的著作及享受不朽聲譽的人們的作品」。閱讀就要「讀原著」，是他的體悟。他甚至認爲，閱讀經典原著，勝過於親炙教誨。他說：

「一個人的著作是這個人的思想菁華。所以，儘管一個人具有偉大的思想能力，但閱讀這個人的著作總會比與這個人的交往獲得更多的內容。就最重要的方面而言，閱讀這些著作的確可以取代，甚至遠遠超過與這個人的近身交往。」

爲什麼？原因正在於這些著作正是他思想的完整呈現，是他所有的思考、研究和學習的結果；而與這個人的交往卻是片斷的、支離的、隨機的。何況，想與之交談，如今時空，只能徒呼負負，空留神往而已。

三十歲就當芝加哥大學校長、四十六歲榮任名譽校長的赫欽斯（Robert M. Hutchins, 1899-1977），是力倡人文教育的大師。「教育要教眞理」，是其名言，強調「經典就是人文教育最佳的方式」。他認爲：

「西方學術思想傳遞下來的永恆學識，即那些不因時代變遷而有所減損其價值的古代經典及現代名著，乃是眞正的文化菁華所在。」

這些經典在一定程度上代表西方文明發展的軌跡，故而他爲大學擬訂了從柏拉圖的《理想國》，以至愛因斯坦的《相對論》，構成著名的「大學百本經典名著課程」。成爲大學通識教育課程的典範。

歷代經典·當今名著，超越了時空，價值永恆。五南跟業界一樣，過去已偶有引進，但都未系統化的完整舖陳。我們決心投入巨資，有計畫的系統梳選，成立「經典名著文庫」，希望收入古今中外思想性的、充滿睿智與獨見的經典、名著，包括：

- 歷經千百年的時間洗禮，依然耀明的著作。遠溯二千三百年前，亞里斯多德的《尼各馬科倫理學》、柏拉圖的《理想國》，還有奧古斯丁的《懺悔錄》。
- 聲震寰宇、澤流遐裔的著作。西方哲學不用說，東方哲學中，我國的孔孟、老莊哲學，古印度毗耶娑（Vyāsa）的《薄伽梵歌》、日本鈴木大拙的《禪與心理分析》，都不缺漏。
- 成就一家之言，獨領風騷之名著。諸如伽森狄（Pierre Gassendi）與笛卡兒論戰的《對笛卡兒沉思錄的詰難》、達爾文（Darwin）的《物種起源》、米塞斯（Mises）的《人的行爲》，以至當今印度獲得諾貝爾經濟學獎阿馬蒂亞·

森（Amartya Sen）的《貧困與饑荒》，及法國當代的哲學家及漢學家余蓮（François Jullien）的《功效論》。

梳選的書目已超過七百種，初期計劃首爲三百種。先從思想性的經典開始，漸次及於專業性的論著。「江山代有才人出，各領風騷數百年」，這是一項理想性的、永續性的巨大出版工程。不在意讀者的眾寡，只考慮它的學術價值，力求完整展現先哲思想的軌跡。雖然不符合商業經營模式的考量，但只要能爲知識界開啓一片智慧之窗，營造一座百花綻放的世界文明公園，任君遨遊、取菁吸蜜、嘉惠學子，於願足矣！

最後，要感謝學界的支持與熱心參與。擔任「學術評議」的專家，義務的提供建言；各書「導讀」的撰寫者，不計代價地導引讀者進入堂奧；而著譯者日以繼夜，伏案疾書，更是辛苦，感謝你們。也期待熱心文化傳承的智者參與耕耘，共同經營這座「世界文明公園」。如能得到廣大讀者的共鳴與滋潤，那麼經典永恆，名著常在。就不是夢想了！

二〇一七年八月一日 於

五南圖書出版公司

導讀

臺灣大學哲學系副教授　楊植勝

一、伽森狄其人

伽森狄（Pierre Gassendi, 1592-1655）的「伽」字是ga的音譯，發音爲ㄍㄚ，不應該念爲「加」、「咖」或「茄」，就像稍早的科學家伽利略（Galileo Galilei）的「伽」一樣。

伽森狄是十七世紀上半葉法國的哲學家，與夙有「現代哲學之父」之稱的笛卡兒（René Descartes, 1596-1650）是同時代人。伽森狄在哲學史上的名聲也與笛卡兒息息相關。伽森狄的這本書顧名思義，就是他對笛卡兒《沉思錄》一書的「詰難」（Disquisitio，臺灣現行的中譯本，有譯爲「異議」或「反駁」者）。介紹伽森狄其人，不能不從笛卡兒開始。

笛卡兒雖然是法國的哲學家，但是他主要哲學著作的撰寫都在荷蘭。十七、十八世紀時，哲學家在外國撰寫他們的主要著作似乎是司空見慣的事。英格蘭人霍布斯（Thomas Hobbes, 1588-1679）在法國巴黎用英語撰寫他的《利維坦》（*Leviathan*）；與他同爲英格蘭人的洛克（John Locke, 1632-1704）在荷蘭用英語撰寫他的《人類理解論》（*Essay Concerning Human Understanding*）；而蘇格蘭人休謨（David Hume, 1711-1776）則在法國的鄉下用英語撰寫他的《人性論》（*Treatise of Human Nature*）。一六二八年，三十二歲的笛卡兒搬家到荷蘭。從此開始，他一直住在荷蘭，直到一六四九年——他過世的前一年——算起來笛卡兒在荷蘭已居住超過二十年。他所有的著作，包括《方法論》（*Discours de la méthode*）、《沉思錄》（*Meditationes de prima philosophia*）、《哲學原理》（*Principia philosophiae*）、《情感論》（*Les passions de l'âme*）等等，都是在荷蘭寫成，其中一部分（如《方法論》與《情感論》）是用法語寫成，另一部分（如《沉思錄》與《哲學原理》）則是用當時歐洲通行的學術語言拉丁文寫成。不論如何，這些著作雖然在荷蘭寫成，但都不是用荷蘭語撰寫，其中有些也不在荷蘭出版。

笛卡兒不在荷蘭出版的著作，都在法國出版。他與巴黎的天主教聖方濟會修道士梅兒森（Marin Mersenne, 1588-1648）神父之間維持長期的通信。梅兒森是笛卡兒學術資訊的提供者，也是他作品出版的經紀人。在爲數十卷（或十一卷）的笛卡兒作品全集中，有五卷是笛卡兒與他人往來的書信。要理解笛卡兒思想的發展過程，不能不看這些書信。其中最重要的，就是他與梅兒森的通信。

另一方面，在笛卡兒所撰寫的哲學著作中，《沉思錄》是最具代表性的一部。這部著作在出版之前，笛卡兒把手稿寄給梅兒森。梅兒森收到後，複寫成多份，分送給當時的學者與思想家，徵求他們對《沉思錄》的評論意見。之後，梅兒森收到五封回函，成爲對笛卡兒《沉思錄》的五個「詰難」。我們這個時代的學術界盛行所謂的「同儕評論」（peer-review）；學術性的期刊或專書對於稿件幾乎都設有這個關卡。期刊或專書的編輯收到投稿之後，先要寄給論文所屬領域的學者專家審查，通過審查以後才予以刊登或出版。這個審查就稱爲同儕評論。它已經成爲當代學術稿件採用與否的判斷標準。笛卡兒的《沉思錄》是人類歷史上最早有同儕評論的作品，可謂同儕評論的鼻祖，而伽森狄則是最早的評論同儕（peers）之一。

梅兒森把他所收到的五封回函的評論意見，加上他自己的——總共就是六個詰難——寄給笛卡兒。笛卡兒針對六個詰難分別撰寫答辯，再寄回給梅兒森。一六四一年《沉思錄》第一版出版時，除了正文之外，後面有一個篇幅大大超過正文的附錄，就是這六組的「詰難與答辯」（英譯爲Objections and Replies）。在六個詰難之中，有兩個詰難在標題記載出自於「一個神學家與哲學家的群體」（a group of theologians and philosophers），其中一個就是梅兒森所寫。另外四個詰難分別出自神學家卡帖如（Caterus）、哲學家霍布斯、神學家阿兒諾（Antoine Arnauld），以及伽森狄。伽森狄的詰難與笛卡兒對它的答辯被編爲第五組的詰難與答辯，是全部六組當中最長的一組詰難與答辯。

過了一年，《沉思錄》的第二版出版，又加進來自神學家布兒旦（Bourdin）的第七個詰難與笛卡兒的答辯，以及笛卡兒寫給狄內（Dinet）神父的一封信——信裡對布兒旦的詰難提出抱怨和進一步的答辯——六組詰難與答辯因此變成了七組。接著，在一六四四年，伽森狄獨立出版他對笛卡兒《沉思錄》的詰難；笛卡兒遂要求後來的《沉思錄》版本刪除在詰難與答辯當中最冗長的第五組。於是附錄的詰難與答辯又恢復爲六組。當代出版的笛卡兒《沉思錄》，有附六組詰難與答辯者，也有附七組者；附六組詰難與答辯的，有依據第一版的六組者，也有依據笛卡兒後來的要求者。

不論笛卡兒的《沉思錄》附錄裡是否放入伽森狄的詰難，笛卡兒與伽森狄兩人在哲學立場上的針鋒相對相當鮮明。笛卡兒是一位心物二元論的哲學家，伽森狄則是一位唯物主義者；因此，他們兩人的爭點主要在「心」上面——尤其是人的「靈魂」是否不朽，以及「上帝」存在的證明。對於西方哲學，共產主義者特別重視唯物主義的哲學傳統；英格蘭人霍布斯與伽森狄是他們心目中現代最早的唯物主義哲學家。因此，提到伽森狄，他們總是要引用共產主義的祖師爺馬克思（Karl Marx）在《神聖家族》（*The Holy Family*）裡挺舉唯物主義的話：「在法國以笛卡兒爲主要代表的十七世紀形上學，從誕生之日起就遇上唯物主義這個對抗者。唯物主義通過伽森狄（他恢復了伊比鳩魯的唯物主義）來反對笛卡兒。」

二、伽森狄《對笛卡兒沉思錄的詰難》其書

如前所述，伽森狄《對笛卡兒沉思錄的詰難》是對笛卡兒《沉思錄》文本的回函，因此本書的內容以書信體的形式出現。在全書一開頭的「先生」（Sir）就是對笛卡兒的稱呼。

書裡的內容，除了第一段是前言，最後一段是後語之外，都是對於《沉思錄》的詰難。笛卡兒的《沉思錄》一書不用章節來劃分內容，而是用「沉思」來劃分內容。全書共有六個沉思。伽森狄《對笛卡兒沉思錄的詰難》同樣針對六個沉思分爲六個詰難。這六個詰難的篇幅大小不等，牽涉到伽森狄對笛卡兒沉思內容的反對強度：伽森狄越反對的沉思，詰難的篇幅就越大。

首先，《沉思錄》的「沉思一」標題是「關於可以引起懷疑的事物」。伽森狄對於哲學史上有名的「笛卡兒的懷疑」（Cartesian doubt）只提出簡單的詰難。但是對於「我思故我在」（cogito, ergo sum）就不是這樣了；「沉思二」的標題是「關於人的心靈的本性，以及它是比物體更容易認識的」。如前所述，唯物主義的伽森狄對笛卡兒的反對主要落在「心」上面，因此，他對關於心靈的「沉思二」強烈地抨擊。這個詰難占全書第二大篇幅。到了「沉思三」就更不得了了；「沉思三」的標題是「關於上帝，以及上帝存在」。相較於人，上帝是完全純粹的心靈性存在。因此，伽森狄對這個沉思火力全開，洋洋灑灑地寫成全書篇幅最大的一個詰難。然後，「沉思四」的標題是「關於眞理和錯誤」；「沉思五」的標題是「關於物質的東西的本質以及上帝的存在」，伽森狄的攻擊稍微收斂了一點，直到最後一個沉思——「沉思六」——它的標題是「關於物質的東西的存在，以及人的心靈和肉體的實在區別」。這個沉思把心物二元論的哲學思想做一個總結的論述，伽森狄又給予重砲轟擊，寫出全書第三大篇幅的詰難。就《對笛卡兒沉思錄的詰難》各個詰難的篇幅來看，它對「沉思三」的詰難篇幅最大；對「沉思二」與「沉思六」的詰難篇幅次之；對「沉思四」與「沉思五」的詰難篇幅又次之；而對「沉思一」的詰難篇幅最小。

關於伽森狄「唯物主義」（materialism）與笛卡兒「心物二元論」（mind-body dualism）的對立，有一些基本的概念需要說明。在十七、十八世紀的哲學思潮底下，主要有兩組不同種類的區別，其中一組是「歐陸理性論」（continental rationalism）與「英國經驗論」（British empiricism）的區別；另一組是「一元論」（monism）、「二元論」（dualism）與「多元論」（pluralism）的區別。一元論在當時主要是「唯心主義」（idealism）與「唯物主義」兩派，而二元論就是笛卡兒的心物二元論。初學者對於這時期的哲學很容易混淆這兩組的區別，其中最常見的誤解就是把理性論等同唯心主義，而把經驗論等同唯物主義。事實上，理性論固然有唯心主義的哲學家如萊布尼茲（Gottfried Wilhelm Leibniz），但是也有心物二元論的哲學家如笛卡兒；反之，經驗論固然有唯物主義的哲學家如霍布斯，但是也有唯心主義的哲學家如柏克萊（George Berkely）。這表示理性經驗的區別與唯心唯物的區別並非互相對應的，而是交錯的。有甚者，連「歐陸」與「理性論」之間的對應，以及「英國」與「經驗論」之間的對應，都不是絕對的。例如伽森狄雖然是法國人，卻是一個重視感官經驗知識的經驗論者。

對於上述兩組區別，一個簡單的理解方式是，把理性論與經驗論視爲「知識論」（epistemology）的區別，而把一元論、二元論、多元論，以至於唯心主義與唯物主義，視為「形上學」（metaphysics）的區別；換言之，理性論與經驗論的區別，與哲學家對於「知識」的理解有關，而一元論、二元論、多元論等的區別，則與哲學家對於形上學所謂獨立自足的「實體」（substance）的數量與性質有關。一個哲學家可能主張正確的知識不能依賴感官經驗，而要經過理性的思考才能確定，並且就其經過理性思考出來的知識，主張世界上只有兩種獨立自足的實體——心與物——這就是作為歐陸理性論者與心物二元論者的笛卡兒。一個哲學家也可能主張正確的知識不能依賴理性思考，而要經過感官經驗才能確定；並且就其經過感官經驗所得的知識，主張世界上只有一種獨立自足的實體——物——這就是作為法國經驗論者與唯物主義者的伽森狄。

伽森狄所主張的唯物主義，與古希臘的伊比鳩魯（Epicurus）比較接近，而與十八世紀的法國唯物主義者不相類似。這主要表現在這些唯物主義者如何否定心靈或靈魂上。所有的唯物主義者都不至於否定思想（要不然「唯物主義」本身是什麼？它不就是一種思想的產物嘛！）在唯心主義者或二元論者看來，思想就是心靈或靈魂的作用，因此不能否定心靈或靈魂的存在。那麼，唯物主義者如何解釋思想呢？十八世紀的法國唯物主義者主張思想不是心靈的作用，而是物質（大腦）的作用，如拉美特利（Julien Offray de La Mettrie）所做的一個比喻，腳的肌肉是讓人走路用的，而腦的「肌肉」則是讓人思考用的；思想其實就是腦部肌肉的一個功能，而肌肉，當然是一種物質。在這種理解下，就不需要另外設置一個摸不著也看不到的「心靈」的存在。伊比鳩魯的唯物主義有別於此；他接受「原子論」

（atomism）——一切物質都是由原子（atom）所構成——的主張。對於心靈，也就是靈魂，伊比鳩魯主張心靈存在，但是它其實是一種物質，和其他的物質一樣由原子所構成；只是這種物質特別細微，可以瀰漫在整個有機體裡。伊比鳩魯說，這種可以瀰漫在整個肉身上的心靈既像風，又像熱一樣，而風與熱都屬於物質。伽森狄所主張的靈魂與伊比鳩魯一樣：它是一種物質；在對「沉思二」的詰難裡，伽森狄形容靈魂這種物質是「某種較爲精細的東西，好像風、火或空氣，滲透並且散布到你身體的較爲粗濁的那些部分裡。」

伽森狄的唯物主義主張，與十八世紀以後的唯物主義主張相比較，當然會顯得既古典又素樸。因此，共產主義者在評論他的唯物主義時，會批評它不夠科學：「由於時代的限制，他的唯物主義還是不澈底的，甚至有些地方是不科學的，而在論證上仍然是形上學的。」但還是爲它緩頰說：「不過，把這些都拿來要求於新興資產階級力量還很軟弱、科學還不十分發達的十七世紀初期的一個唯物主義者，那是不切合實際的。……他的哲學是法國唯物主義的寶貴遺產。」我要勸告讀者的，是在閱讀本書時，不要囿於這種意識型態的科學進步史觀，正如我們在閱讀任何哲學作品時，本來也不是用現代的科學來作爲判準。反而，我們要敞開我們的「心靈」（XD）來閱讀伽森狄對笛卡兒的詰難，用我們獨立自足的思想來判斷他提出的理由！

譯者序

皮埃爾・伽森狄（Pierre Gassendi, 1592-1655）是法國十七世紀上半葉的偉大唯物主義（materialism）哲學家。他和笛卡兒（René Descartes）是同時代的人，兩人都既是哲學家又是科學家；但在哲學思想上兩人卻走著完全相反的道路。他們的哲學爭辯是哲學史上著名的，這種爭辯不但引起當時西方哲學家和神學家們很大的注意，而且也給後世的思潮以重要影響。

法國在十七世紀上半葉正處在封建制度（feudal system）逐漸瓦解、資本主義（capitalism）生產關係逐漸成長的時期。當時的法國同西歐的荷蘭和英國比較起來，是一個較落後的國家。法國資產階級（bourgeoisie）在政治上還很軟弱，沒有能力同封建制度做公開決裂的鬥爭。君主專制（absolute monarchy）制度借助宗教勢力，從政治和思想兩方面壓制資產階級，但在經濟方面也還能給予資產階級某些發展的可能，因此資產階級也並不拒絕同封建制度達成一定的妥協。資產階級的這種軟弱性和妥協性在哲學上最鮮明的表現就是笛卡兒的哲學。笛卡兒認爲有兩個互相依賴的實體（entité）——精神實體和物質實體的存在。因此，在物理學，即關於自然的學說中，他是唯物主義者（materialist）；

在形而上學（metaphysics），即關於超感覺的精神世界的學說中，他是唯心主義者（idealist）。但在實質上他仍然是反對作爲封建制度精神支柱的神學（theology）和經院哲學（scholasticism）的。神學和經院哲學推崇盲目信仰，貶低人的理性。笛卡兒則強調理性的作用，他認爲感官知覺所提供的一切都是可以懷疑的，只有懷疑本身，即人的思維（理性）是無可懷疑的，由此得出他的著名的「我思故我在」原理。他進一步就提出思維的清楚明白是眞理的標準，以及「天賦觀念（innate ideas）」和上帝（God）是最完滿的觀念等思想。笛卡兒最後給上帝的存在提出一些證明，並且企圖用上帝的存在來保證科學的可靠性，這是他對神學和經院哲學最明顯的妥協和調和。

伽森狄從唯物主義立場逐條批判了笛卡兒形而上學的各種論點。馬克思（Karl Marx）說：「在法國以笛卡兒爲主要代表的十七世紀的形而上學，從誕生之日起就遇上了唯物主義這一對抗者。唯物主義通過伽森狄（他恢復了伊比鳩魯（Epicurus）的唯物主義）來反對笛卡兒。」①

伽森狄出生於法國普羅旺斯省尚太爾西耶的一個農民家庭，曾在該省的迪尼和艾克斯受過教育，於一六一四年在阿維尼翁（Avignon）取得神學博士學位；一六一七年

---

①《神聖家族》，見《馬克思恩格斯全集》，人民出版社版第二卷，第一六一頁。

成爲神父（Father），同年擔任艾克斯大學哲學講座。在哲學講授中，他批評了亞里斯多德（Aristotle），因而引起耶穌會士們的不滿，終於在一六二三年被迫去職。翌年他發表了《對亞里斯多德的異議》。不久以後他到了巴黎，在那裡結識了梅兒森（Marin Mersenne）、笛卡兒以及當時的其他一些學者。他還到過荷蘭和英國，結識了英國唯物主義者霍布斯（Thomas Hobbes），並且對他大加讚仰。一六三一年他回到普羅旺斯省，在那裡一直住到一六三七年，這期間他主要是研究天文學。這以後他又回到巴黎。一六四〇年笛卡兒寫成了他的《形而上學的沉思》（*Méditations métaphysiques*），在出版前曾托梅兒森替他徵求當時在巴黎的神學家和哲學家們的意見，打算取得巴黎神學院的出版許可。伽森狄寫出了他的詰難，這就是我們現在題爲《對笛卡兒沉思錄的詰難》這本書。這些詰難收在《形而上學的沉思》裡作爲第五篇詰難，連同笛卡兒的答辯於一六四一年出版。伽森狄後來把這些詰難又補充了他對笛卡兒的答辯的反駁於一六四四（？）年自己單獨出版，題爲《形而上學探討》。

一六四五年伽森狄到法蘭西皇家學院教授數學，翌年發表了《關於重物下落的加速》和《天文學指南》。他關於天文學的著作都是維護哥白尼（Nicholas Copernicus）和伽利略（Galileo Galilei）的「太陽中心說」的。一六四七年以後，伽森狄重點深入地研究了伊比鳩魯的哲學，採納了他的原子學說（atomic theory）。在一六四七至一六四九這幾年中，他發表了《關於伊比鳩魯的生、死和快樂學說》和《伊比鳩魯哲學體系》。不過，懾於反動的天主教會（Ecclesia Catholica）的壓力，他在對伊比鳩魯的唯物主義和無神論（atheism）的闡述上不得不附加上神學性質的說明。

伽森狄於一六五五年卒於巴黎，他的全集於一六五八年在里昂出版。

《對笛卡兒沉思錄的詰難》是伽森狄的一本非常重要的哲學著作，也是十七世紀法國唯物主義的一本寶貴的著作。在這本書裡，伽森狄雖然對他自己的哲學思想沒有做系統的闡述，但是通過他對笛卡兒形而上學的逐條反駁，我們明顯地看到他自己的唯物主義和無神論觀點。笛卡兒的形而上學最充分地表現了他同神學和經院哲學的妥協，因此伽森狄從唯物主義的觀點上批判了笛卡兒的形而上學，實際上不難看到這種批判的矛頭是針對神學和經院哲學的。

首先他認爲世界上的一切東西都是物質性的，都有廣延，而且能夠自己運動；反對有所謂精神本源（arche），反對物質不能自動而只能被精神本源所推動的說法。世界是無始的，沒有所謂「第一因」，而物質是不滅的，雖然對於個別物體來說有產生和消滅；這樣就實質上駁斥了神學關於上帝創造世界和「世界末日」的宣教。

人的靈魂並不是什麼精神本源的東西，而只是一種滲透和散佈到肉體中的非常精細、稀疏的物質，當人死了以後，它就煙消雲散了（雖然作爲物質來說，它不等於消滅）；這樣就反駁了神學和經院哲學所主張的靈魂不滅和「來世」的說法。

其次，關於上帝存在的問題，他雖然說他公開承認他相信上帝的存在，但他實際上是抽象地承認，具體地反對，他對於上帝存在的一切「證明」都逐條予以駁斥。他的論點主要有以下幾點：1.從完滿性上並不能證明上帝的存在，因爲人們加之於上帝身上的那些完滿性實際上都是從某些人和東西上所觀察到的一些優點而集於一身的；2.即使肯定了這些完滿性也不能由之而證明上帝的存在，因爲並不是有了完滿性就必然有存在性，而是有了存在性，完滿性才存在；3.從「無限」的概念也不能證明上帝的存在，因爲「無限」是從「有限」推論出來的，它只是「有限」的否定詞，並沒有一個「無限的實體」。因此他結論說，上帝的觀念並不是天賦的，它一部分是人們從感官接受來的（比如聽別人講的），一部分是人們捏造的。關於上帝存在的問題是伽森狄給神學和經院哲學最嚴重的打擊。

關於知識論（epistemology）問題，伽森狄強調感官知覺，反對天賦觀念說，認爲先有感性（sensibility）知識，後有理性知識。事物必須是首先落於我們的感官，被看見、摸到或聽別人說過，然後我們才能有事物的觀念（概念）（concept）。不是先有一般，而是先有特殊。一般是由許許多多特殊經過抽象和概括而得出來的。比如，是看到了許多人都有理性之後才做出「一切人都有理性」這個命題的。

伽森狄反對把感覺視爲錯誤的來源。他認爲表象（appearance）永遠是眞實的，「即使理性告訴我們不要去相信的東西」（比如一根棍子半截插在水裡看起來是彎的），也「並不能去掉現象的眞實性」。感官不過是如實地把影像按照「當時感官、對象、環境等情況而必然地應該對它〔感官〕表象的那樣提供出來」。因此錯誤並不來自感覺，而是來自判斷。伽森狄強調感覺並不等於他輕視理性的作用，因爲他說：「爲了檢查和改正我們自己的判斷，……我們必須把我們的心靈〔指理性〕運用到更清楚的認識上去，有了更清楚的認識，隨之而來的就一定會是一種更好的、更可靠的判斷。」所謂「更清楚的認識」，是由反覆、全面地觀察而來，比如感性的太陽是較小的，而理性的太陽比地球大一百多萬倍，這就要考慮到「理性的經驗告訴我們：同樣的東西距離我們遠的時候就比距離我們近的時候顯得小」。

此外需要特別指出的是伽森狄的實事求是的精神，這種精神本身就是唯物主義的，而且也就是這種精神使伽森狄成爲一個眞正的唯物主義者。他不止一次地批評笛卡兒不實事求是。比如在笛卡兒普遍懷疑之後，伽森狄就指責他說：「你因此就眞能使你自己相信你絕不是醒著，而你眼前所有的和所發生的一切事物都是假的、騙人的嗎？……對事情直截了當、老老實實、實事求是地加以說明，而不是像人們將會反對你的那樣，借助於裝腔作勢，揑造那些幻覺，追求那些拐彎抹角、稀奇古怪的東西，豈不是更適合於一個哲學家的坦率精神，更適合於追求眞理的熱誠態度嗎？」又如：「如果你還不相信有地、有天、有星辰，那麼請問爲什麼你在地上走？爲什麼你抬頭看太陽？爲什麼你靠近火爐取暖？爲什麼你吃飯來解餓？爲什麼你轉動舌頭說話？爲什麼你手裡拿筆來給我們寫你的思想？當然，這些事情很可能是說出來的，或者是巧妙地揑造的，不過人們費不了多少事就可以揭穿這種欺騙；既然你不可能眞的懷疑這些事物的存在，你不可能不是很清楚地知道它們存在於你之外，那麼就讓我們嚴肅地、老老實實地對待這些事物，讓我們習慣於按照事物是什麼樣就把它們說成什麼樣吧。」這眞是對一切唯心主義（idealism）的一針見血的、最有力的、再尖銳不過的揭露和駁斥了！

當然，由於時代的限制，他的唯物主義還是不澈底的，甚至有些地方是不科學的，而在論證上仍然是形而上學的。比如，他把事物的產生和消滅只是機械地歸結爲原子的聚合和消散，看不到它的辯證的發展過程；他雖然否認靈魂（soul）（意識（consciousness））不滅，否認它是一種獨立於物質的單獨實體，但他不是把它視爲第二性的、由物質派生出來的東西，而是把它視爲本身就是一種有廣延的物質，而且也和肉體一樣需要攝取營養以維持生存；他雖然也主張物體和運動是分不開的，但是他所看到的運動只是機械的、空間的運動，不認識事物內部的發展變化，當然更不認識事物內部存在的矛盾的對立和統一——它的發展變化的眞正原因。不過，把這些都拿來要求於新興資產階級力量還很軟弱、科學還不十分發達的十七世紀初期的一個唯物主義者，那是不切合實際的。然而伽森狄最大的缺點還在於他的軟弱性，在於他向天主教神學的妥協、調和，用馬克思的話來說，他想「把自己的天主教徒的良心和自己的異端的知識，把伊比鳩魯和教會（Church）」調和起來，這種調和「當然是無益的勞動」②。這種調和模糊了他同神學和經院哲學對抗的鋒芒，它給人一種印

② 見《馬克思恩格斯早期著作選集》，俄文版第二十三頁。

象，似乎他攻擊的目標不是神學和經院哲學，而只是爲天主教會所不能同意的笛卡兒的形而上學，這就使他的唯物主義和無神論思想給予當時的官方哲學和神學的震動不是很大，而只是在他去世很久以後，到十八世紀法國唯物主義波瀾壯闊地出現時，才對他的哲學做了充分的估計。他的哲學是法國唯物主義的寶貴遺產。

譯　者

一九六三年二月

目次

伽森狄致笛卡兒

先生：

尊貴的梅兒森（Marin Mersenne）神父讓我參與到你關於第一哲學所寫的這些崇高的「沉思」裡邊來，這種好意使我非常感激，因爲〔這些「沉思」〕主題的宏偉，思想的強勁和言辭的純練，已使我異常喜悅；同時，的確，看到你那樣意氣風發、勇氣百倍，並如此成功地爲推進科學而工作，看到你開始爲我們發現了在過去一切世紀裡從未被人認識到的事物，這也使我感到高興。只有一件事情不如我意，那就是他要我在讀過你的《沉思錄》之後，假如在心裡還剩有什麼疑難問題時，就把它們寫出來給你；因爲我確實認爲，假如我不贊成你的那些道理，我寫出來的東西只不過是我自己心智上的缺點，甚至也可以說，假如我竟敢於提出一點點相反的東西來的話，那只說明我自己的愚昧無知。雖然如此，我竟未能拒絕我的朋友的要求，因爲我想到，這樣做並不是出於我的意圖，而是出於他的意圖，你會贊成的；也因爲我知道你是如此地通情達理，你會很容易相信我只是經過了深思熟慮向你提出我的疑難，此外沒有任何想法。其實，如果你能不憚其煩地從頭看到尾，那已經就十分好了。因爲我絕不想讓我的這些疑難來擾亂你的情緒，來使你對你的論斷感到有絲毫不放心，或使你不得不拿出你本來可以更好利用的時間來解答我的這些疑難。我不但絕不這樣想，而且更不會勸你去這樣做。我甚至於連敢於把這些疑難向你提出來都不能不臉紅的，因爲我確知我的這些疑難中沒有一個不是在你心裡反覆多次加以考慮過的，沒有一個不是你有意置於不顧或認爲不值一提的。我終於把它們提了出來，但僅僅是一個提議，沒有任何其他意圖。我的這個提議並不反對你所談的以及你打算論證的那些事物，它只是反對你在論證這些事物時所用的方法和道理。事實上，我公開承認我相信有一個上帝，相信我們的靈魂是不滅的；我的問題僅只在於想弄明白你在證明這些形而上的眞理，證明在你的著作中所包含的其他問題時所運用的推理的力量如何。

對「沉思一」的詰難

關於可以引起懷疑的事物

關於「沉思一」，我用不著談很多，因爲你所採取的把你的一切成見都破除出去的辦法，我是贊成的。只有一件事我不大明白，即爲什麼你不願意直截了當用很少的幾句話把你一直到那時所認識的全部事物都假定是不確定的（以便再把你承認是眞實的那些事物挑揀出來），而寧願把它們都假定是錯誤的，不惜從一個舊成見中解脫出來，去採取一個另外的、完全新的成見。你看，爲了得出這個結論，你如何不得不假想一個騙人的上帝或一個什麼樣的惡魔用了他的全部心機來捉弄你，雖然只要把你不信任的理由歸之於人心的不明智和自然的唯一弱點似乎就足夠了。此外，你還假想你是在睡夢中以便你得以有機會對一切事物置疑並把此世所發生的一切都委之於虛幻。

但是你因此就眞能夠使你自己相信你絕不是醒著，而你眼前所有的和所發生的一切事物都是假的、騙人的嗎？不管你怎麼說，沒有一個人會相信你會完全相信你所知道的一切沒有一點是眞的，都是感官，或是睡夢，或是上帝，或是一個惡魔繼續不斷地捉弄你。對事情直截了當、老老實實、實事求是地加以說明，而不是像人們將會反對你的那樣，借助於裝腔作勢，捏造那些幻覺，追求那些拐彎抹角、稀奇古怪的東西，豈不是更適合於一個哲學家的坦率精神，更適合於追求眞理的熱誠態度嗎？雖然如此，既然你認爲那樣好，那麼我也不再多加反駁了。

對「沉思二」的詰難

關於人的心靈的本性，以及它是比物體更容易認識的

一、關於「沉思二」，我看出你還沒有從迷惘與幻想中走出來；不過，我也看出，你透過這些鬼影，還是認識出，這至少是眞的，即受了如此迷惑的你，畢竟是一個事物；這就是爲什麼你下結論說：每當你說出或在心裡想到「有我，我存在」這個命題時，它就必然是眞的。但是我看不出你爲什麼需要費那麼多的事，既然你已經確實知道你存在，既然你能夠從你任何別的行動上得出同樣的結論，既然自然的光明明顯地告訴我們，凡是起作用的東西都「有」，或都存在。

你接著又說，雖然如此，你還不大清楚你究竟是什麼。我知道你這話是認眞說的，我也十分願意同意你的話，因爲問題的焦點就在這上面；而且，實際上，這正是用不著繞那麼大的彎，不必使用全部那些假設去追求的東西。

這以後你提出要檢查一下你一直到現在認爲你是什麼，以便在把凡是能容有一點點可疑的東西都從那裡鏟除出去之後，使剩下來的僅僅是確定的、不可動搖的東西。當然你可以這樣做，這是每個人都贊成的。在你按照這個美好的計畫試做下去，接著又找到了你一直認爲你是一個人這件事之後，你提出了下面這個問題：一個人是什麼呢？在這上面，你故意把普通的定義拋棄掉之後，又在從前最初提到的那些東西上停下來，譬如，你有一張臉、兩隻手，以及你稱之爲肉體的其餘一切肢體；還有你攝取營養、你行走、你感覺、你思想等等你歸之於靈魂的東西。這些我都同意你，只要我們保持住你在心和物之間所劃的區分。你說，你那時還沒有進一步細想靈魂是什麼；

或者，如果說你進一步細想了，那就是說你曾想像它是某種較爲精細的東西，好像風、火或空氣，滲透並且散佈到你身體的較爲粗濁的那些部分裡。這的確是値得注意的；但是對於物體，你毫不懷疑它是這樣的本性的一種東西：能具有一定形狀，能占據某一地位，能充滿一個空間並把一切別的物體排擠出去，能由於觸覺、視覺、聽覺、嗅覺和味覺而知覺到，能以若干種方式被移動。你現在還可以把這些東西稱之爲物體的屬性，只要你不把所有這些東西都歸之於每一種物體，因爲風是一種物體，然而它卻不能由視覺感覺到；只要你不把你稱之爲靈魂的屬性的其他東西從物體的屬性裡排除出去，因爲風、火以及其他許多種物體都是自動的，同時有推動別的物體的性質。

至於你接著說到你不認爲物體有自動性，對於這一點，我看不出你現在怎麼能夠辯解。因爲，假如按照你的說法，那麼，一切物體，由其本性，必須是不動的；每個運動只能從一個無形體的本源發出；假如不借助於一個理智的或精神的能動者，水也不能流，動物也不能行走。

二、後來，你考察了，在假定了你的幻想①的條件下，你是否能肯定，你認爲屬

---

① 指笛卡兒說：「……假定有某一個極其強大，並且，假如可以這樣說的話，極其惡毒、狡猾的人，他用盡力量和心機來欺騙我……」——譯者

於物體的本性的那些東西，也有一些是你所有的；接著在做了一個冗長的考察之後，你說，像這樣的東西，你一點也沒有。就是在這裡，你開始不再把你視爲一個整個的人，而把你視爲你自己的最密切、最隱蔽的那一部分，也就是你在前面所認爲的靈魂。靈魂啊！或者不管你是什麼吧，請你告訴我，你曾經想像你是和風或者這樣性質的別的物體一樣的東西，它滲透並且散佈到你的身體的各個部分中去；你現在已改變想法了嗎？當然你沒有這樣做。爲什麼你不可以仍然是一陣風，或者是被心臟的熱或不管什麼別的原因所刺激起來的、由你的最純的血所形成的一種非常精細、非常稀疏的、散佈到你所有的肢體裡的精氣，它，也就是你，給你的肢體以生命，並能用眼睛看、用耳朵聽、用大腦想，就是這樣執行著通常歸之於你的一切功能？假如是這樣，爲什麼你不是有著和你的身體同樣的形狀，就像罐子裡裝著的空氣有著和罐子同樣的形狀一樣？我爲什麼不會以爲你同你的身體有著同一的外包，或是被那包著你的身體的皮所包的呢？爲什麼我不可以認爲你充實著一個空間，或至少充實著你的粗濁的形體和它的最精細的部分所沒有充實起來的那些部分空間呢？因爲，實在說來，身體確有著一些微小的空處，你就是被散佈在這些小孔裡的；因此，你的部分在哪裡，哪裡就沒有你形體的部分；這同酒和水摻和起來一樣，有酒的部分的地方就沒有水的部分，雖然視覺分辨不出來。既然在你所充實起來的全部小空間中，你的粗濁的身體不能同你在一起，爲什麼你不能從你所占據的地方把別的物體排擠出去呢？爲什麼我不會認爲你用許多種方式自己動起來？因爲，既然你的肢體由於你而接受許多種不同的運動，那麼你怎麼能夠自己不動而把你的肢體動起來呢？的確，一方面，你自己不動，你就不能推動別的東西，因爲不用力那是做不到的；另一方面，你不被身體的運動推動，那也是不可能的。假如所有這些都是眞的，那麼你怎麼能說在你裡邊就沒有什麼東西是屬於物的呢？

三、以後，在繼續你的考察的時候，你說你也看到在歸之於靈魂的東西裡邊有這樣一些東西，譬如攝取營養和行走，不是在你裡邊的。但是，首先，一個東西可以是物而不攝取營養。其次，假如你就是像我們以前描寫動物性的精氣那樣的一個物，那麼，既然你的粗濁的肢體是爲一種粗濁的物質所營養，而你自己是精細的，你爲什麼不能是爲一種更精細的物質所營養的呢？再說，你的肢體是這個身體的部分，當這個身體生長時，你不是也生長嗎？當它衰弱時，你自己不是也衰弱嗎？至於行走，既然你不使你的肢體動起來，你自己不把它們轉移到什麼地方去，它們自己就不能動起來，就不能自己轉移到任何地方去，那麼假如沒有你這方面的任何行動，這怎麼可能呢？你將回答說：**不過，假如我眞的沒有身體，那麼我當然就不能行走**。如果你這麼說，你的意圖是要弄我們，或者是要弄你自己，那就用不著那麼認眞；如果你認眞地這樣說，那麼不僅你必須證明你眞沒有你所說的身體，同時也必須證明你沒有那些能行走、能攝取營養的東西的本性。

你接著又說你甚至沒有任何感覺，也感覺不到事物。然而確實是你自己看見顏色，聽到聲音，等等。你說：**這些，沒有身體是做不到的**。這話我相信；但是，首先，你有一個身體，你在眼睛裡，眼睛沒有你就不能看；其次，你可以是用感覺器官來作用的一種非常精細的物體。你說：**我在睡夢中好像感覺過許多我後來知道並沒有感覺過的事物**。不過，雖然在你不用眼睛時似乎也感覺到非用眼睛不能感覺的事物這一點上你弄錯了，可是你並沒有一直犯同一的錯誤；還有，你從前使用過眼睛，你是用眼睛感覺和接受了影像，這才使你現在不用眼睛而能夠使用影像。

最後，你注意到你在思想。當然這是不能否認的；但仍然有待於你證明的是：思想的功能超過物體的本性到如此程度，以致無論是人們稱之爲動物性的精氣，無論是任何別的物體，不管它們是怎樣稀薄、精細、純粹、脆弱，都不能夠適於做出像能思想那樣的事情。同時也必須證明，動物的靈魂也不是有形體的，因爲動物思想；或者，假如你願意的話，動物除了運用外感官以外，同時也內在地認識一些事物，不僅是在醒著的時候，即使當它們睡著的時候都是這樣。最後，必須證明，雖然你從來沒有離開過這個粗濁、沉重的身體，從來沒有同它分開而思想過任何事物，但它並無助於你的思想，從而你能夠不依靠它而去思想，使你不致被有時居然給大腦引起那麼多混亂的氣體或那些黑而濃的煙所障礙。

四、在這以後，你得出這樣的結論：**那麼，確切說來，我只是一個在思想的東**

西，這就是說，一個心靈、一個靈魂、一個理智、一個理性。在這裡我承認我是弄錯了，因爲我本來想是和一個人的靈魂說話，或者是和人由之而活著、而感覺、而運動，而了解的這個內在的本源說話，然而我卻是和一個純粹的（pure）心靈說話；因爲我看到你不僅擺脫了身體，而且也擺脫了一部分靈魂。在這一點上，你是追隨那些古人的榜樣嗎？那些古人雖然相信靈魂散佈於全身，卻認爲它的主要部分（希臘人稱之爲τὸἡγεμονικὸν）是住在身體的某一部分，譬如在心臟裡或在大腦裡；並不是他們相信靈魂本身不是在這一部分裡邊，而是因爲他們認爲心靈在這個地點好比是附加在靈魂上，和靈魂結合起來，認爲心靈和靈魂一起告知這一部分。不錯，關於這一點，我本應該記起你在《論方法》（*Oiscours de la méthode*）②一書裡所講過的話；因爲你在該書裡說過，你的想法是：人們通常歸之於生長、感覺的靈魂的全部職能，都不依賴於理性的靈魂；那些職能在理性的靈魂進入肉體之前就能夠行使，就如同它們每天在你認爲毫無理性可言的動物裡邊行使著的那樣。但是我不知道我怎麼把它忘了；也許是因爲我還不能確定是否你不願意用靈魂這個名稱來稱呼我們由之而像動物那樣

---

② Discours de la méthode一書舊譯爲《方法論》；最近有人譯爲《方法談》。我看最好應該按照"disours"這字當時的意義，譯爲《論方法》。——譯者

生長和感覺的這個內在的本源，或者是否你以爲這個名稱僅僅適合用於我們的心靈，雖然這個本源本來的意義是使之有生機，而心靈只是我們用以思想的東西，正如你自己所確信的那樣。無論如何，我很願意你此後被叫做一個心靈，願意你確切地說來只是一個在思想的東西。

你接著說，只有思想是與你分不開的。這卻不能否認你，主要因爲你只是一個心靈，而在靈魂的實體和你的實體之間，除了在學校裡大家所說的那種理性的區別之外，你不承認有其他區別。不過，我還猶疑，不大知道當你說思想是與你分不開的時候，你的意思是否是說：只要你存在，你就一直不停止思想。當然在這一點上是和某些古代哲學家的思想有很大的共同之處的，他們爲了證明人的靈魂不滅，說靈魂是在一種不斷的運動狀態中，即，按照我的了解，它一直在思想。但是對於不能懂得你怎麼可能在昏睡狀態中思想，怎麼可能在你母親的肚子裡思想的那些人，卻不好說服。再說，我不知道是否你認爲早在你母親的肚子裡的時候，或者在你從你母親的肚子裡出來的時候，你已經被滲透到你的肉體裡，或滲透到你的肉體的某一部分裡去了。不過我不想再進一步追問你，甚至也不想問你，當你還在你母親肚子裡的時候、或剛出來的頭幾天、或頭幾個月、或頭幾年，你是否還記得你都想了些什麼；假如你回答我說你都忘記了，我也不想再問你爲什麼忘記了；我只想告訴你去考慮一下，姑且不說你在那個時候幾乎根本沒有什麼思想吧；即使有，它也應該是多麼混沌，多麼輕微啊。

你接著又說，你不是人們叫做人體的那種由肢體聚集起來的東西。這一點應該同意你，因爲到現在你只被認爲是一個在思想的東西，只被認爲是人的組合體的一個部分，這一部分有別於外在的、粗濁的那一部分。你說：**我也不是滲透在這些肢體裡邊的一種稀疏的空氣，不是風、不是火、不是氣體，也不是氣息，也不是我所能虛構和想像的任何東西；因爲我曾假定這些都是不存在的，而且，即使不改變這個假定，我覺得我仍然確知我是個東西**。不過，心靈啊③！請你在這裡停一下，把這一切假定，或者不如說，把這一切虛構都停止下來並一勞永逸地消滅掉吧。你說：**我不是空氣或類似空氣的什麼別的東西**。但是，假如整個靈魂是類似這樣的一種東西，爲什麼你（人們可以說你是靈魂的最高貴的部分），你不會被認爲是靈魂的最精細的花，或者靈魂的最純粹、最活躍的部分呢？

你說：**也許我假定不存在的那些東西都是實在的東西，同我所認識的我並沒有什**

③ 伽森狄稱呼笛卡兒爲「心靈」，而笛卡兒說伽森狄缺乏常識，不會推理，因此稱呼他爲「極好的肉」（拉丁文Optima caro），當時一個教士把它譯爲「好的大畜生」（bonne grosse bête）。從稱呼上也表現了兩人心、物之爭。——譯者

麼不同。不過對於這件事我一點都不知道，我現在也不去辯解。然而，如果你一點都不知道，如果你不去辯解，那麼爲什麼你說你不是那些東西？你說：**我知道我存在：而對於如此明確地取得了的這個知識，是不能取決於或得自我還不知道的東西的**。好吧；不過至少你要記得，你還沒有證明你不是空氣、不是氣體，或諸如此類的東西呢。

五、你接著描寫了你所叫做想像的是什麼。因爲你說：**想像不是別的，只是去想一個有形體的東西的形狀或影像**。然而這是爲了說明你是用一種和想像迥然不同的思想去認識你的本性。不過，既然你可以隨意給想像下定義，那麼我請你告訴我，假如你眞是有形體的（可能是這樣的，因爲你還沒有證明你不是這樣），那麼爲什麼你不能用一種有形體的形狀或影像來想你自己？我問你，當你想你自己的時候，你體驗了出現在你的思想裡的是什麼呢？難道不是一種純粹的、明白的、精細的實體，它像一陣令人舒適的風，散佈在全身，或者至少散佈在大腦裡，或者身體的某一部分裡，使之有生機，它在那個地方行使你所認爲行使著的一切職能？你說：**我承認，凡是我能用想像的辦法來理解的東西，都不屬於我對於我自己所具有的這種認識**。但是你並沒有說你怎麼認識的；而且，不久以前你說過你還不知道是否所有這些東西都屬於你的本質，那麼請問，你現在從什麼地方可以推斷出這個結果來呢？

六、你接著說：**必須小心地從這些東西上抽回他的心靈以便使它自己得以非常清**

楚地認識它自己的本性。這個意見非常好；不過，在你這樣非常小心地抽身回來之後，請你告訴我們，對於你的本性，你得到了什麼清楚的認識；因爲光說你是一個在思想的東西，你只說了一種活動（opération），而這是我們大家早已知道了的，你並沒有讓我們知道這個在行動著的實體是什麼，這個實體的本性是什麼，它怎麼和身體結合起來的，它怎麼並且用多少不同的辦法來作用那麼多不同的東西；你也並沒有讓我們知道直到現在我們還不知道的許多諸如此類的別的東西。你說用想像不能理解的東西就用理智去理解，你要把想像和良知等同起來；但是，好心靈啊！你能給我們指出在我們裡邊有好幾種功能，而不是只有一種功能，我們不是只用這一種功能來一般地認識一切東西嗎？當我們把眼睛睜開看太陽時，這是一種顯明的感覺；然後，當我把眼睛閉上，在我心裡呈現出太陽時，這是一種顯明的、內在的認識。然而，最後，我怎麼能辨認我是用良知或是用想像功能而不是用心靈或是用理智來感知太陽，使我得以隨心所欲地一會兒用一種與想像不同的理智，一會兒用與理智不同的想像，去理解太陽呢？當然，如果大腦發生了錯亂，或想像力受了挫傷，理智不能行使它自己的純職能，那時才可以眞正說理智不同於想像，才可以眞正說想像不同於理智。然而，既然我們看不出是這樣，那麼也就當然非常難以在二者之間做出一種眞正的、確定的區別來。因爲，像你所說，當我們思想一個有形體的東西的影像時，這是一種想像，那麼，既然不可能用別的辦法來思想物體，其結果不是物體只能用想像來認識嗎？或者，假如物體能夠用另外的辦法來認識，那麼那另外一種認識功能不是不能被辨認的嗎？

在這以後，你說：**你還不能不相信對於其影像是由思想作成的那些落於感官的有形體的東西比對於不落於想像、不知道是什麼的你自己會認識得更加清楚；因此奇怪的是：一些可疑的、在你以外的東西倒被認識和了解得更加明白、清楚**。然而，首先，你說這不知道是什麼的你自己，你這樣做得很好，因爲，實在說來，你不知道它是什麼，不認識它的本性，因而你不能確定它是否不能落於想像。其次，我們的全部知識似乎都來源於感官，雖然在這一點上你不同意一般哲學家的意見（他們說：在理智中的一切都是首先曾經存在於感官中的），這也仍然不失爲眞的，尤其是在理智裡的東西沒有什麼不是首先提供給感官，不是由於同感官接觸（或者像希臘人所說的 κατά περίπτωσιν④）而來的，儘管它是以後才完成並且由於類比、組合、劃分、增加、削減以及諸如此類的其他一些辦法而改進的，這都用不著在這裡談。因而假如說自己呈現出來、本身撞擊著感官的那些事物給心靈的印象比心靈自己做成的、自己按照事物的模樣、根據事物曾經接觸感官時那樣而表象出的那些事物給心靈的印象強烈

④即「由於遇合」。——譯者

[273]

得多，那也沒有什麼奇怪。沒錯，你說有形體的東西是不確定的。但是，如果你願意承認眞理的話，那麼你對於你在其中居住的身體的存在和你周圍的一切事物的存在的確定程度並不比你對於你自己的存在的確定程度差。還有，你除了用思想，沒有其他辦法把你表明給你自己，這怎麼能和具有各種辦法來表明自己的那些東西來比呢？因爲那些東西不僅用許多不同的活動來表明自己，同時還用許多非常可感覺、非常顯明的偶性，比如用大小、形狀、硬度、顏色、氣味等，來表明自己，因而不必奇怪，它們雖然在你以外，你對它們倒比你對你自己認識和了解得更加清楚。但是你會對我說：我怎麼會對在我以外的東西比對我自己還領會得更好呢？我回答你說：這和眼睛什麼都看得見就是看不見它自己是同樣的道理。

七、你說：**那麼我究竟是什麼呢？是一個在思想的東西。什麼是一個在思想的東西呢？那就是說，一個在懷疑、在理解、在肯定、在否定，也在想像、在感覺的東西**。你在這裡說了很多，不過我並不想每一個都談，我只想談談你說的你是一個在感覺的東西。因爲，實在說來，我很奇怪，因爲在這以前你說得恰好相反。難道也許你不是要說，除了心靈以外，在你裡邊還有一個物體性的功能，它住在眼睛裡、耳朵裡和其他的感官裡，這個功能接受到了可感知的東西的形象就開始了感覺行爲，而你自己接著就把這種行爲完成起來，結果是你看見、聽見、感覺到一切東西？我相信你就是因爲這個緣故才把感覺和想像放在思想一類裡去的。我倒是願意這樣的；但是你要看看是否動物的感覺——它是和你的感覺沒有什麼不同的——也應該用思想這個名稱來稱呼；這樣一來，是否在動物裡邊也有一個在某種方式上像你一樣的心靈。然而你會說：我的位置是在大腦裡，在那裡我不用改變位置就接受到通過順著神經而流動的精氣給我傳來的一切東西；嚴格說來，所謂在全身行使著的感覺就是這樣地在我裡邊行使著、完成著。我同意；不過在動物裡邊同樣有神經、有精氣、有大腦，在大腦裡邊有一個能知本源，它用同樣方式接受通過精氣傳給它的東西，它完成並且結束感覺行爲。你會說，這個本源在動物的大腦裡邊不是別的，正是我們稱之爲幻想或想像功能的那個東西。但是你自己給我們指出來你在人的大腦裡是別的東西而不是人的一種幻想或想像的功能吧。我剛才向你要一個論據或者一個確定的標誌，通過它你可以告訴我們你是別的東西而不是人的一種幻想，但是我想你連一個也拿不出來。我知道你能夠給我們指出比動物所做的活動高得多的一些活動來；不過雖然人是動物中最高貴、最完滿的，然而無論如何，人還是動物的一種，不能從動物中被除掉；因此，雖然這非常足以證明你是一切幻想或想像中的最好的幻想或想像，但是你總不能不認爲你是屬於它們一類的。因爲，就算你用了一個特殊的名稱，把你叫做一個心靈吧，這可能是一個性質比較高貴的名稱，但不能因此在性質上就不同了。當然，爲了證明你是屬於一種完全不同的性質，也就是說，像你所自稱的那樣，屬於一種精神的或非物質的性質，那麼你就應該用不同於動物產生行動的方式來產生一個什麼行動，而且，假如你不能不用大腦去產生行動，至少你應該不依賴大腦去產生一個什麼行動，雖然如此，你卻不這樣做。因爲大腦剛一昏，你自己就昏了；它一亂，你自己也亂了；它一受到壓迫，全部被蒙蔽了，你也一樣；如果它丟失了某些東西的影像，你也就一點影子也剩不下。你說：**在動物裡所做的一切都是由於一種動物精氣和其他一切器官的盲目衝動，和在鐘錶裡或在類似的其他機器裡所做的一樣**。但是，即使像營養、脈搏以及諸如此類的功能（它們也和在人裡邊的各種功能一樣）眞是如此，能夠肯定感官的行動，或被稱爲靈魂的激情的那些運動，也是由於一種在動物裡邊的動物精氣的盲目衝動，而在人裡邊並不是這樣嗎？一塊肉把它的影像投入狗的眼睛裡，這個影像傳到大腦以後，用一些看不見的鉤子連接在靈魂上，然後，靈魂本身和全身（靈魂好像是用一些秘密的、看不見的鏈子一樣地連接在全身上）就被吸引到這塊肉上。同樣的方式，人們用一塊石頭嚇唬狗，這塊石頭把它的影像投出去，這個影像就好像一種杠杆一樣，撬動起來靈魂和與之一起的身體去逃走。然而所有這些東西，在人裡邊不是這樣做的嗎？假如你知道還有另外一條道路，這些活動是用另外一種道路進行的，那麼請你告訴我們吧，我們將非常感激你。你將說，我是自由的，我有能力制止或推動人去避惡趨善。但是在動物裡邊的這種能知本源也能做類似的事；雖然狗有時撲到食物上去，毫不怕打或威嚇，但是人不是也常常有這種情況嗎？你說，狗完全是由於衝動而叫，和人說話時經過事先想好的選擇不一樣；但是，難道就不能認爲，人說話也是經過這樣的一種衝動嗎？因爲你所歸之於選擇的是來自激動他的運動，這運動的力量促使他選擇；即使在動物裡邊，可以說，當使動物動作起來的衝動非常強烈時，也有一種選擇。因爲我眞的看見過一隻狗，按照喇叭調整它的聲音，模仿喇叭所有的聲調和變化，不管有多麼急劇和突然，不管它的主人如何毫無秩序地、隨心所欲地抬高或者降低，拉長或者縮短喇叭的聲調。你說，動物沒有理性。沒錯，沒有人的理性，但是它們有一種按照它們的樣式的理性，這種理性使得我們，如果不是同人來比較的話，不能說它們是無理性的；再說，言辭或理性似乎是一種功能，這種功能同它們用以認知、通常被叫做內感官的那種本源或功能一樣普遍，一樣能夠合法地爲它們所有。你說它們不能推理。但是，雖然它們的推理不像人們的推理那樣完善，那樣廣泛，它們還是能夠推理的，它們的推理和我們的推理之間，只存在程度上的不同。你說它們不能說話。但是，它們雖然不能像人們那樣地說話（因爲它們不是人），卻能按照它們的方式說話，發出它們所特有的聲音，它們使用那些聲音就像我們使用我們的聲音一樣。然而你說，甚至一個傻子也能湊起幾個字來表示一個什麼事物，而最聰明的動物也做不到這樣。但是我請你看看你要求一個動物說出一個人說的話而不注意到它們自己特有的話，這是否公平合理。不過，所有這些東西，辯論起來長得很。

八、你接著提出蠟的例子。關於這一點，你說了好幾件事來表示人們叫做**蠟的偶**

性（accidents）⑤的那些東西並不是蠟本身或蠟的實體，能夠清清楚楚理會蠟或蠟的實體的只是心靈自己或理智本身，而不是感官或想像。但是首先，能夠從蠟的偶性的概念中抽象出蠟或蠟的實體的概念來，這是大家都同意的。但你能因此就說你清清楚楚地理解了蠟的實體或本性嗎？誠然，除了顏色、形狀、可融性等等以外，我們理解到還有一種東西，它是我們所觀察到的這些偶性和變化的主體；不過要說這個主體是什麼東西或可能是什麼東西，我們當然不知道，因為它永遠是隱蔽著的，我們僅僅是用猜測的辦法來判斷應該有個什麼主體好像支柱或基礎一樣托住蠟可能有的一切變化。因此我很奇怪為什麼你敢說在你把蠟，簡直就像脫掉它的衣服一樣，把它的一切形式都去掉之後，你更明白、更完滿地理解了它是什麼。因為，我同意你理解到蠟（或者更恰當地說，蠟的實體）應該是和它的一切形式不一樣的；不過你不能說你理解到了它是什麼，假如你沒有意圖來欺騙我們，或者你不想欺騙你自己的話。因為這不像一個人那樣明顯。對於一個人，我們只看見了衣服和帽子，我們想知道他到底是什麼，只要脫掉他的衣服和帽子就行。然後，既然你以為用某種方式了解了這個東

⑤ accidents，譬如蠟的形狀、軟硬、香味等，這些東西雖然改變了或消滅了，但不影響主體的存在，因此叫做蠟的「偶性」。——譯者

西，那麼我請你告訴我們，你是怎麼理解它的？是不是把它理解成爲一種可融的、有廣延的東西？因爲，我想你不是把它理解爲一個點，雖然它有時大有時小。這樣的一種廣延既然不能是無限的，而是有其界限的，那麼你不能也以某種方式把它理解爲有形狀的嗎？然後，既然把它理解爲好像是你看見了它，那麼你不能給予它一種顏色嗎？儘管這種顏色是非常模糊不清的。當然，你既然把它視爲比純粹的空虛有更多一點的物體和物質，那麼對你來說它似乎是更可見的；由此可知，你的理智是一種想像。假如你說你把它理解爲沒有廣延、沒有形狀、沒有顏色，那麼請你老老實實告訴我們它是什麼。

你說我們看見了並且由我們的心靈理解了一些人，雖然我們看見的卻是他們的帽子和衣服。這話並不能給我們說明是理智而不是想像功能在判斷。事實上，一隻狗（你不同意它有一個和你的一樣的心靈）不是用同樣方式判斷嗎？它不是僅憑看到了它主人的衣服或帽子就能認出來它的主人嗎？還有，不管它的主人是站著、是躺著、是彎著身子、是蜷縮著或是伸展著，它不是總能認出它的主人，雖然它的主人可以用所有這些形象而不是只用這一種而不用那一種形象表現出來，和蠟一樣。當它追逐一隻野兔，它首先看見它活著，然後又看見它死了，剝了皮，切成一塊塊的，你想它不認爲這還是原來的野兔嗎？因此，你所說的**對於顏色、軟硬、形狀等等的知覺不是看，也不是摸等等，而只是心靈的一種觀察**，這話我同意，不過，心靈要同想像功能

[278]

實際上沒有分別才行。但你又接著說：**這種觀察可以是片面的、模糊的，也可以是全面的、清楚的，這要根據對於組成蠟的那些東西所進行的研究的程度而定。**這就不能給我們說明心靈對於在蠟裡邊的那種超乎它的外在形象以外的、我不知道是什麼的那種東西所進行的觀察是對於蠟的一種明白、清楚地認識，而只說明感官對於自己在蠟上所能注意到的一切偶性，對於蠟所能有的一切變化，所進行的研究或觀察。沒錯，從這上，我們能夠了解和解釋我們用蠟這個名稱所指的是什麼東西；但是，能夠了解，甚至也能夠讓別人理解這個越是赤裸裸地來看就越是莫名其妙的實體是什麼，對於我們來說卻是一件完全不可能的事。

九、你緊接著說：**關於這個心靈，或更恰當地說，我自己，因爲直到現在我在我自己裡邊只接受了心靈，我將說什麼呢？關於好像那麼清楚、明白地理解了這塊蠟的這個我，我要說什麼呢？我對我自己認識得難道不是既更加眞實、確定，又更加清楚、明白嗎？因爲如果說由於看見蠟而斷定有蠟、蠟存在，那麼由於我看見蠟，因此有我、我存在這件事當然也就越發明顯，因爲可能我所看見的，事實上不是蠟；也可能我甚至沒有眼睛看任何東西；但是當我看見的時候，或（關於這一點，我不去加以分別）當我想是看見的時候，這個在思想的我倒不是什麼東西，這是不可能的。同樣，如果由於我摸到了蠟而斷定它存在，其結果也是一樣。我在這裡關於蠟所說的話也可以應用到外在於我、在我以外所遇到的其他一切東西上去。**這些都是你自己的話，我把這些話拿過來是爲了使你注意，它們的確是證明了由於你看見和清楚地認識了那塊蠟的存在和所有那些偶性，因而你清楚地或不清楚地認識了你存在，但是這些話不能因此證明你清楚地或不清楚地認識了你是什麼或什麼是你的本性；而恰恰這是必須主要加以證明的，因爲人們並不懷疑你的存在。我在以前沒有進一步提出我的意見，現在我也不想堅持，不過請你注意：在你裡邊除了心靈以外你什麼都不接受，爲了這一點，你甚至不願意同意你有眼睛、手以及身體的任何別的器官，可是你談到你所看見、你所摸到……的蠟和它的偶性，而這些，實在說來，假如沒有眼睛、沒有手，你就不能看見、不能摸到，或者按照你的說法，也不能想是看見、想是摸到。

你接著說：**然而，如果說蠟在不僅經過視覺或觸覺，同時也經過很多別的原因而被發現了之後，我對它的概念和知識好像是更加清楚、明白了，那麼我對於我自己的認識豈不是應該越發更加明顯、清楚、明白了嗎？因爲一切用以認識和理解蠟的本性或別的物體的本性的道理都更加容易、更加明顯地證明我的心靈的本性！**但是，既然你所推論關於蠟的東西，都只能證明人們知道心靈的存在，而不能證明它的本性，同樣，其他一切也不會證明出更多的東西來。即使除此之外你想要從對蠟的實體的這一知覺中推論出別的什麼東西，你也只能得出這樣的結論，即：既然我們對於這個實體只不過是理解得非常模糊，只不過是把它理解成爲我不知道是個什麼，那麼同樣，心靈也只能以這種方式而被理解，以致的確可以在這裡重複你在別處說過的話：**我不知**

[280]

道是什麼的那個你自己。

你最後說：**然而我終於不知不覺地回到了我原來想要回到的地方；因爲，既然這是我現在弄清楚了的一件事，即心靈以及物體本身不是用感官或想像功能所能眞正認識的，而是只有用理智才能認識的，而且它們不是由於被看見了或被摸到了才被認識的，而只是由於被思想所理解了或者了解了才被認識的，那麼我非常顯然地認識了沒有什麼對我來說比我的心靈更容易被認識的了。**對你來說，這話說得很好；但是對我來說，我看不出你從什麼地方能推論出，對於你的心靈，除了它存在以外，還能清清楚楚地認識別的東西。因而我也看不出這個「沉思二」的標題本身（即「人的心靈是比物體更容易認識的」）所許的願已經實現了；因爲你的計畫不是要證明人的心靈的存在，或人的心靈的存在比物體的存在更清楚，因爲肯定的是沒有人懷疑它的存在，你無疑的是想要使它的本性比物體的本性更加明顯。不過我看不出你做到了什麼。談到物體的本性時，你，心靈啊！你自己曾說過，關於物體，我們認識了許多東西，例如廣延、形狀、運動、對地位的占據等等。然而關於你自己，除了你不是有形體的一些部分的一種聚集，不是空氣、不是風，不是一種在行走或在感覺的東西等等以外，你說了什麼？但是，即使我們同意了你所有這些東西（雖然你自己反對了其中的某幾個），這也並不是我們所期待的；因爲，實在說來，所有這些東西都不過是一些否定，而我們並不要求你向我們說你不是什麼，而是要求你告訴我們你是什麼。

因此你終於說你是一個**在思想，也就是說，在懷疑、在肯定、在否定……的東西**。但是，首先，說你是一個東西，這一點都沒有說到已知的什麼；因爲「東西」是一個一般的、泛泛的、不確指的詞兒，它對你並不比對世界上一切東西更合適，並不比一個不是純粹「什麼都不是」更合適。你是一個東西，那就是說你不是一個「什麼都不是」，或者換言之，但意思完全一樣，即你是一個什麼東西。但是，一塊石頭也不是一個「什麼都不是」，或者，假如你願意的話，是一個什麼東西；一個蒼蠅也是一樣，世界上所有的東西都是這樣。然後，說你是一個在思想的東西，這倒是眞的說到已知的東西了，但它在以前並不是未知的東西，它也不是我們所要求於你的；因爲有誰懷疑你是一個在思想的東西？但是我們所不知道的，我們因而希望要知道的，是認識並深入到專以思想爲其職責的那個實體的內部。因此，我們所追求的，也是你應該得出結論的，並不是你是一個在思想的東西，而是以思想爲其屬性的這個東西是什麼。怎麼啦！假如請你對於酒給我們一個更準確、高於尋常之見的知識的話，你以爲光說酒是葡萄擠出來的液體的東西，它有時是白的、有時是紅的，它是甜的，能醉人等等就算滿足了，而不想儘量揭露和表明它的實體的內部，指出這個實體如何由酒精、蒸餾液、酒石酸以及其他若干部分以適當的分量、適當的溫度混合到一起而構成的嗎？因此，既然大家期待你，而你也答應關於你自己給我們一個比尋常之見更準確的認識，那麼你自己會判斷像你那樣做的，即對我們說你是一個在思想、在懷疑、在理解……的東西，那是不夠的；你應該對你自己做一番像化學分解那樣的工作，使你能夠給我們揭露並且使我們認識你的實體的內部。當你這樣做了以後，要由我們來檢查一下，看看比起物體來（它的本性已經由解剖學、化學、那麼多不同的技藝、那麼多的感覺和那麼多不同的實驗給我們表明得如此清楚了），是否你更被認識了。

[282]

對「沉思三」的詰難

關於上帝，以及上帝存在

一、首先，你認爲對於我是一個在思想的東西這個命題的清楚、明白地認識，是你所具有的確定性的原因，你從這裡推論出，你能夠把**凡是我們理解得非常清楚、非常明白的東西都是眞實的**這一條定爲總的準則了。不過，一直到現在我們還沒有在人類事物的曖昧之中找出我們關於確定性的更可靠的準則，不過，既然有那麼多偉大的學者，他們雖然似乎本來已經非常清楚、非常明白地認識了許多事物，卻認爲眞理是存在於上帝的心裡或者是高深莫測的，那麼難道不能懷疑這個準則可能是錯誤的嗎？當然，在懷疑論者（skeptic）們所說的話以後（你一定知道他們的論據），從認識得清楚的一件事物裡我只能得出事物眞的就像它們對每個人所表現的那樣；除此之外，我們還能保證什麼眞理呢？舉例來說：我清楚、明顯地感覺到瓜的味道很好吃，因此瓜的味道對我來說就眞是這樣；但是如果因此就說這個味道在瓜裡眞的就是這個樣子，那我怎麼能相信呢？因爲在我年輕時和在我的身體健康情況非常好的時候，我認爲它並不是這樣，我那時明明白白地感覺在瓜裡有另外一種味道。甚至我現在還看到有不少人並不認爲它好吃；我看見有不少動物的味覺非常靈敏，體格非常強壯，但它們的感覺並不和我的一樣。那麼難道「眞」反對它本身嗎？或者換言之，難道一個事物，雖然它被清楚、明白地理解了，它本身卻不是眞的，而實際上只是被清楚、明白地理解爲眞的嗎？對於心靈的東西，也幾乎一樣。我從前曾經起過誓說，從一個小量達到一個較大的量，不可能不經過一個相等的階段；我曾經以我的生命來賭咒說，

[283]

兩條不斷接近的線，如果延長到無限，不可能最後不相交。我覺得這些事情是如此清楚、明白，以致我把它們當作非常眞實、毫無可疑的定理；而後來卻有些理由使我相信不是這樣，因爲我把相反的東西理解得更清楚、更明白了；即使現在，當我想到數學假定的性質的時候，我還免不了對它們的眞實性感到某些懷疑和不信任。因此我承認人們可以說我是眞的按照我假定或我理解量、線、面等的性質而認識這樣的和那樣的一些命題；然而至於說它們本身因此就是我所理解的那個樣子，這卻不能加以肯定。雖然這是數學上的眞理，不過這與現在所談的其他的事物有關，因此我問你：爲什麼在人們之間有那麼多不同的見解？每個人都認爲他非常清楚、非常明白地認識了他所辯護的見解。你不要說他們之中大部分並不堅持他們的意見，或者說他們不過是裝腔作勢說他們理解得很清楚；因爲我知道有許多人將以自己的生命來堅持他們的意見，儘管他們也看見別人也以同樣的熱情堅持反對的意見，除非你也許這樣地認爲：甚至到這最後時刻他們還僞裝他們的感情，還不到從他們的良心的最深處把眞話拿出來的時候。當你說你早先把許多事物當作非常確定、非常顯然地接受了下來之後你又看出它們是可疑的、不確定的時候，你自己也碰到這樣的問題；不過你是把這個問題懸而不決，也不去證實你的準則；你只是利用這個機會去論述你可能由之而受到了欺騙的觀念，你把那些觀念認爲是表象在你以外的什麼東西，而這些在你以外的東西也許並不存在；在這以後你再一次談到一個騙子上帝，你可能在「二加三等於五」、

「一個正方形的邊不能多於四個」這些命題的眞實性上受到這個騙子上帝的欺騙，以便由之而向我們指出必須等到你證明出來有一個不可能是騙子的上帝的時候才來證實你的準則。實在說來，你用不著費那麼大的力氣去證實那個非常容易使我們把假的當作眞的接受下來並且引導我們誤入歧途的準則；而最必要的是你應該教導我們一種好的方法，使我們學會指導我們的思想，使我們知道：每次當我們以爲清楚、明白地理解了什麼事物時，我們到底是弄錯了，還是沒有弄錯。

二、在這以後，你把觀念（在它們作爲影像這一點上，你想把它們算做是思想）分爲三種：有些是與我們俱生的，有些是來自外界的、外來的，還有些是由我們製造和捏造的。在第一類下面你放上你對於一般稱之爲一個東西、或一個眞理、或一個思想所具有的理智；在第二類下面你放上你對於你所聽到的聲音，你所看見的太陽，你所感覺到的火所具有的觀念；在第三類下面你放上你自己所虛構和捏造的人魚、鷲馬以及諸如此類的怪物。接著你說也許你所有的觀念都是外來的，或者都是與你俱生的，或者都是由你創造的，因爲你還沒有足夠清楚、明白地找出它們的來源來。因此爲避免錯誤（可能一直到觀念的來源完全被認清以後，錯誤也還會發生）起見，我想現在請你注意：似乎是全部觀念都是外來的，它們是由存在於理智以外的事物落於我們的某一個感官之上而生起的。因爲，實際上，心靈不僅有（甚至可以說它本身就是）理解從外在對象發出，通過感官而達到心靈的那些外來的觀念的能力，有把這些

[284]

觀念赤裸裸地、清清楚楚地理解爲就是心靈本身所接受它們的那個樣子的能力；而且也有把這些觀念各式各樣地加以集合、分割，加以放大、縮小，並用其他若干方式加以對比、組合的能力。這樣一來，至少你所建立的第三類觀念就和第二類觀念毫無區別；因爲，一個獅頭羊身龍尾怪物的觀念實際上和一個獅頭的觀念、一個羊身①的觀念、一個蛇尾的觀念並沒有什麼不同，心靈把它們聚集起來，組成爲一個單一的觀念；因爲，把它們分割開來看，或對每一個加以個別的觀察時，它們都是外來的，來自外界的。同樣，一個巨人的觀念，或者是人們理解爲像一座山，或者是，假如你願意的話，像世界那樣大的人的觀念，就是心靈任意加以放大的一個普通高度的人的外來觀念，而心靈把這個觀念越放大，理解得就越模糊。同樣，從來沒有見過的一個金字塔的觀念，或者一個城市的觀念，或者其他任何東西的觀念，就是人們以前見過的一個金字塔或一個城市的外來的、多少改樣了的，因而是模糊的觀念，心靈把這個觀念加以某種方式的增添、劃分和類比。

至於你所稱之爲自然的，或是你所說的與我們俱生的那一類觀念，我不相信有任何一種觀念是屬於這一類的，我甚至認爲人們以這個名稱稱謂的一切觀念似乎都是外

① 原文是羊肚子。——譯者

來的。你說：**由於我的本性使然，我能夠領悟一般稱之爲一個東西的是什麼**。我想你不是指領悟功能②本身說的，關於這個功能，並無可懷疑之處，在這裡也不是問題之所在；我想你是指東西的觀念說的。你也並不是指一個特殊東西的觀念說的；因爲太陽、這塊石頭以及一切個別的東西，都是屬於你所說的其觀念是外來的而不是天然的那一類東西。你指的是一種被一般地考慮、作爲有的同義語並有著和有相等的廣延的東西的觀念。然而，請問你假如不是同時在心靈裡有那麼多的個別東西，心靈把這些東西抽象出來，作成一個一般地適合於一切東西而不是特殊地適合於一個東西的一種概念或一種觀念的話，那麼這一般的觀念怎麼可能在心靈裡呢？假如一個東西的觀念是天然的，那麼一個動物的觀念、一個植物的觀念、一塊石頭的觀念，以及一切普通觀念當然就都是天然的，而我們就用不著費那麼大的事去把許多個別的東西加以辨識，以便在把所有不同點去掉之後，我們得到的只是對各個東西都有共同性的東西，或者是（這也一樣），以便得以由之而做成一個類的觀念。你還說你的本性使你能夠「領悟眞理是什麼」，或者，把這話詮釋出來是，眞理的觀念天然地印到你的靈魂裡。但是，假如眞理只是判斷和所判斷的事物二者之間的一致性而不是別的，那麼眞

② 即「理智」。——譯者

理就只是一種關係，因而它就不能同事物本身和事物的觀念二者之間的比較中分得開，或者（這也沒有什麼兩樣）就不能同事物的觀念分得開，因爲事物的觀念不僅有表象它自己的性質，同時也有如實地表象事物的性質。既然觀念同事物一致，或者，既然觀念事實上如實地表象事物，那麼眞理的觀念和事物的觀念就是一回事；因此，假如事物的觀念不是與我們俱生的，假如事物的觀念是外來的，那麼眞理的觀念也是外來的，而不是與我們俱生的。這一點既然適合於每個特殊的眞理，也能適合於被一般地考慮的眞理，這種眞理（像我們剛才談到一般的事物的觀念時所說的那樣）是從每個特殊的眞理的概念或觀念中抽出來的。你還說「領悟什麼是思想」，這對你來說是天性使然的（換言之，像我一向詮釋的那樣），思想的觀念是與你俱生的，並且對你來說是天性使然的。然而，心靈能從一個城市的觀念做成另外一個城市的觀念，同樣，它也能從一個行動的觀念（比如說一個看的觀念或一個類似的別的行動的觀念）做成另外一個行動的觀念（比如說做成一個思想本身的觀念）；因爲在認識的各功能之間總有某種關係和類比，使得很容易從一個去認識另外一個。實在說來，多麼不應該費很大力氣去知道思想的觀念是屬於哪一類的。我們最好應該留著我們的精力去考慮心靈本身的或靈魂的觀念。假如我們一旦贊成這個觀念是與我們俱生的，那麼要說思想的觀念也是與我們俱生的就沒有什麼不合適了。這就是爲什麼應該等待著心靈的觀念是天然地在我們之中這件事被證明出來。

三、在這以後，似乎你不僅懷疑是否某些觀念是來自存在於我們以外的一些事物，甚至懷疑是否在我們以外就根本沒有事物存在。從這裡你似乎推論說，雖然你在你的心裡具有人們稱之爲外在的事物的觀念，但是這並不等於說這些事物存在於世界之上，因爲你所具有的觀念不是非從這些事物來的不可，而可能是或者來自你自己，或者由你所不知道的什麼別的方式放進你的心裡的。我想也就是由於這個緣故在不久以前你不說：**你知覺到了地、天和星辰**，而只說：**你知覺到了地、天和星辰的觀念，你可能受了這些觀念的騙**。如果你還不相信有地、有天、有星辰，那麼請問爲什麼你在地上走？爲什麼你抬起頭來觀察太陽？爲什麼你靠近火爐取暖？爲什麼你吃飯來解餓？爲什麼你轉動舌頭來說話？爲什麼你手裡拿筆來給我們寫你的思想？當然，這些事情很可能是說出來的，或者是巧妙地捏造出來的，不過人們費不了多少事就可以揭穿這種欺騙；既然你不可能眞的懷疑這些事物的存在，你不可能不是很清楚地知道它們存在於你之外，那麼就讓我們嚴肅地、老老實實地對待這些事物，讓我們習慣於按照事物是什麼樣就把它們說成什麼樣吧。但是，假如你想，一經假定了外在事物的存在，我們就不能充分地證明我們所具有的觀念是從它們身上搬過來的，那麼你就不僅要回答你自己所提出的疑難問題，而且還要回答人們可能給你提出的一切反對意見。

爲了指出我們對這些事物所具有的觀念是來自外面的，你說：**似乎是自然這樣教導我們的，似乎是我們體會出來這些觀念不是來自我們、不依於我們的意志爲轉移**。

[287]

但是，不必光講一些道理和它們的解決辦法，也應該在其他許多疑難問題之中講講和解決一下這個問題，即爲什麼在一個天生的瞎子的心裡沒有任何顏色的觀念，或者在一個天生的聾子的心裡沒有任何聲音的觀念，是不是因爲這些外在的東西本身沒有能夠把它們自己的影像送到這個殘廢人的心裡，由於一生下來這些道路被障礙所堵塞住了而它們沒有能夠打通。

在這以後，你又借用太陽爲例，說：**對太陽，我們有兩種很不同的觀念：一種是我們通過感官接受過來的，根據這個觀念，我們覺得太陽非常小；另外一個是從天文學的道理中得來的，根據那個觀念，我們覺得太陽非常大。然而，在這兩個觀念裡邊，那個不來自感官，而是從與我們俱生的某些概念中抽出來的，或是由我們用另外的不管什麼方法製造出來的那個觀念是最眞實的，最和太陽本身相符的。**但是人們可以這樣回答：太陽這兩個觀念都像太陽，都眞實，或者說都與太陽相符，只是在程度上一個較多一些，另一個較少一些罷了，正如同對同一個人的不同的兩個觀念，其中一個是從十步以外給我們送來的，另一個是從一百步以外或一千步以外給我們送來的；兩個都像那個人，都眞實、都相符，只是在程度上前一個較多一些，後一個較少一些罷了；因爲來自較近的那個觀念比來自較遠的那個觀念縮小得較少一些。你看我會是多麼容易地用很少的幾句話就能給你解釋，假如在這裡可以這樣做，並且你同意我的原則的話。再說，雖然我們不是用別的辦法，而只是用心靈來知覺太陽這個巨大

[288]

的觀念，但是這並不等於說這個觀念是從天然地在我們心裡的什麼概念中得出來的；而可能是由我們的感官所接受的這個觀念（完全符合於依靠理性的經驗告訴我們：同樣的東西距離我們遠的時候就比距離我們近的時候顯得小）是隨著太陽距離得如此遠，它的直徑等於地球的那麼多的半徑③，而被我們的心靈加大了多少倍。你想要看看自然怎麼一點都沒有把這個觀念放在我們心裡嗎？你在一個生來就是瞎子的心裡去找吧。你將看到，首先是這個觀念在他的心裡既沒有顏色，也沒有光；接著你將看到，它並不是圓的，假如不是誰告訴他，假如他事先不是拿到什麼圓的東西的話；你最後將看到它並不是那麼大，假如不是理性或權威使他擴大他所理解的這個觀念的話。但是，讓我們再多說一點而不是過甚辭，我們這些人觀察了那麼多次太陽，考量了那麼多次太陽的表面直徑，推論了那麼多次太陽的眞實直徑，我們對於太陽所有的觀念或影像和一般人的不相同嗎？不過，理性告訴我們太陽比地球大一百六十多倍，然而我們因此就具有一個這樣巨大的物體的觀念嗎？我們盡我們所能地放大我們通過感觀接受來的這個觀念，我們的心靈盡其所有的力量對它加以擴大，但是最後我們的心靈自己就鬧不清了，越弄越糊塗；如果我們要有一個太陽的清楚的思想，我們就

---

③ 原文如此。——譯者

必須借助於我們通過感官的媒介而接受來的觀念。如果我們相信太陽比我們看到的那個樣子大得多，假如我們的眼睛距離它更近，它就會接受一個更寬廣得多、更巨大得多的觀念，這也就足夠了；但是我們的心靈必須滿足於我們的感官給它提供的那個觀念，那個觀念是怎麼樣，我們的心靈就必須把它看成是怎麼樣。

四、在這以後，你承認了在觀念與觀念之間的不等性和分歧性，接著你說：**的確，給我表象了實體的那些觀念無疑地是比僅僅給我表象了樣式或偶性的那些觀念更多一點什麼，本身包含著（姑且這樣說）更多的客觀④實在性；最後，我由之而理解到一個至高無上的、永恆的、無限的、全能的、除他自己以外的一切事物的普遍創造者的上帝的那個觀念本身比給我們表象了有限的實體的那些觀念無疑地要有著更多的客觀實在性。**你的心靈在這裡帶領你跑得眞快，因此必須把它稍微停住一下。不過我並不想首先問你用客觀的實在性這幾個字，你指的是什麼意思；只要我們知道下面

④「客觀的」（objectif），或「客觀地」（objectivement），在十七世紀的含義和今天的含義不同，在笛卡兒的用法是：僅就其在觀念上的存在而言的就叫做「客觀的」，或「客觀地」存在。在十七世紀，「客觀的」一詞的反義詞不是「主觀的」，而是「眞實的」或「形式的」。——譯者

這一點就夠了：普通說外在的東西是形式地（formellement）⑤和實在地在它們本身之中，但客觀地或由於表象而在理智之中，這句話你好像只想說觀念應該完全符合於它由之而成爲觀念的那個事物；因而它所含有的對象沒有一點不是實際上在那個事物裡邊所有的，而被它所表象的事物本身所含有的實在性越多，它表象的實在性也就越多。我知道你緊跟著就區分了客觀的實在性和形式的實在性。形式的實在性，我想它就是觀念本身，它被視爲不是表象什麼東西，而是一個單獨的存在，本身有著某種實體（entité）。但是，不管如何，肯定的是，觀念和它的客觀實在性都不應該按照事物本身所有的全部的形式實在性而被衡量，而只是按照心靈所認識的那一部分，或換言之，按照心靈所有的認識而被衡量。因此，當然，人們將說，對於一個你經常看見的、你仔細觀察過的、你從各方面都看見過的人，你心裡對於這個人的觀念是非常完滿的；然而對於你僅僅是順便看到過一次的、你沒有很好看過的人，你所得到的觀念是非常不完滿的；而假如你沒有看見本人，你只看見他的帽子遮蓋住臉，只看見他的衣服遮蓋住全身，那麼人們一定會說，你沒有這個人的觀念，或者，假如你有這個人

⑤「形式的」（formel），或「形式地」（formellement），在笛卡兒的用法是：存在於我們所具有的觀念所表象的東西之上，亦即眞實地、實在地存在於我們的觀念之所本的對象上。——譯者

的觀念，那個觀念也是極其不完滿、極其模糊的。

由此我推論出，我們對於偶性，可以有一個清楚的、眞實的觀念，但是對於被蒙蔽的實體，我們充其量只能有一個模糊的、假造的觀念；因此，當你說：**在實體的觀念裡比在偶性的觀念裡有更多的客觀實在性**的時候，人們應該首先否認他們對於實體能夠有一個素樸的、眞實的觀念，因而人們也就不能從這個觀念得出任何客觀實在性；其次，即便承認了你這一點，人們不能說實體的觀念裡的客觀實在性比偶性的觀念裡的客觀實在性更大，因爲它所有的實在性都是從偶性的觀念中搬過來的，我們在前面說過，實體就是從偶性，或者說，就是按照偶性的方式，而被理解的，我們說過，實體只能當做有廣延的、有形狀的、有顏色的……的東西而被理解。

關於你接著說的上帝的觀念，我請你告訴我，既然你還不確知他是否存在，你怎麼知道他通過他的觀念向我們表象爲一個永恆的、無限的、全能的、萬物之創造者……的東西呢？你爲你自己所造成的這個觀念難道不是來自你以前對他的認識，即他就是不只一次地被人在這些屬性之下介紹給你的嗎？因爲，實在說來，假如你從未聽人說過這樣的事，你會把他描述成這個樣子嗎？你也許會對我說，現在不過是拿他作爲例子，你還一點沒有給他下定義呢。好吧；不過你要注意，不要以後拿它作爲一個臆斷來提。

你說在一個無限的上帝的觀念裡所具有的客觀實在性比在一個有限的事物的觀念

裡所具有的客觀實在性多。然而，首先，既然人類心靈理解不了無限性，那麼它也既不能具有也不能想得出一個表象著無限的東西。然而，誰要說一個無限的東西，誰就是給一個他所不懂得的東西加上一個他所不理解的名字。還有，既然這個東西擴大到超出了他的全部理解能力，那麼歸之於這種擴大的這個無限性或者這個否定詞⑥，對於其智慧永遠被限制在某些框子之內的人來說，是不能理解的。再說，我們習慣於加到上帝身上的所有這些高尚的完滿性似乎都是從我們平常用以稱讚我們自己的一些東西裡抽出來的，比如持續、能力、知識、善、幸福等等，我們把這些都盡可能地加以擴大之後，說上帝是永恆的、全能的、全知的、至善的、完全幸福的，等等。

這樣一來，沒錯，上帝的觀念就表象了所有這些東西，不過，既然這個上帝的觀念是按照我前面所描述的樣子從各種有限的事物的觀念組成然後加以擴大的，那麼它就不能比各種有限的事物總和起來有著更多的客觀實在性。因爲，誰說永恆，誰也並不能在他的思想裡理解這個無始無終的時間全部過程；誰說全能，誰也並不能理解可能的全部紛繁複雜的結果；至於別的屬性也一樣。最後，有誰可以說是具有一個上帝的整個的、完滿的，也就是說，如實地表象了上帝的觀念呢？假如上帝就像我們所理

⑥ 即「有限」一詞的否定。——譯者

解的那個樣子，假如上帝只有像我們看到在我們心裡的那麼一點點完滿性（儘管我們理解這些完滿性在上帝裡更爲完滿得多），那麼上帝也就沒有什麼了不起！上帝的大小和人的大小這二者之間的比率，比起大象和小蛆二者之間的比率來，不是要小到無限倍嗎⑦？假如說有誰按照他在小蛆裡看到的完滿性的模樣做成一個觀念，想要說他這樣做成的觀念是一個大象的觀念，並且說這個觀念如實地表象了大象，假如這個人是可笑的話，那麼誰要是按照人的完滿性的模樣做成一個觀念，想要說這個觀念就是上帝本身的觀念，並且說這個觀念完滿地表象了上帝，這個人爲什麼不值得嘲笑呢？還有，我請問你：我們怎麼知道我們在我們自己裡所找到的這一點點完滿性也在上帝裡找到呢？在承認了這一點之後，我再請問你：從這裡我們能夠給他想像出來的本質可能是什麼呢？當然，上帝是無限倍地超過全部理解力的；當我們的心靈要把它自己應用到對上帝的觀察上去時，它不僅看得出它自己是太渺小了，理解不了他，同時它會看不清道理，並且自己也弄糊塗了。因此不可能說我們對上帝有任何眞正的觀念，這個觀念如實地給我們表象了上帝。只要這樣說就足夠了：我們按照在我們裡邊的那些完滿性的程度來產生、做成一個觀念，這個觀念適合我們的渺小，也恰好適合我們

[292]

⑦ 比如$\frac{1}{100}$就比$\frac{1}{10}$小10倍。——譯者

的用處，它並不超出我們的理解能力，不包含我們以前在別的事物裡邊所沒有認識到的，或從別的事物裡邊沒有知覺到的任何實在性。

五、你接著說：**憑自然的光明**⑧**，顯然可以看出，在動力的**⑨**、總的原因裡，一定至少和在結果裡有一樣多的實在性**。你用這話來推論說，在觀念的原因裡所有的形式實在性一定至少和觀念所包含的客觀實在性一樣多。這一步也還是邁得太大，我們最好還是停一停。首先，在結果裡的東西沒有不是在它的原因裡的這句普通話，似乎指的是質料因，而不是動力因；因爲動力因是個外在的東西，而且它的性質常常是和它的結果的性質不同的。即使說一個結果從動力因得到它的實在性，然而也不一定結果裡所有的就是動力因本身所有的，結果可以有一個動力因從別處搬過來的實在性。這在藝術的結果裡看得很清楚；因爲，房子雖然從建築師那裡得到它的全部實在性，但是建築師給予房子的實在性並不是他自己的，而是從別處搬過來的。太陽所做的事情也一樣，它以不同方式改變地上的物質，它由於這個改變而產生各種動物。再說做

⑧「自然的光明」指理性而言。——譯者

⑨亞里斯多德哲學裡四種原因之一。亞里斯多德的四因是：(1)質料因；(2)形式因；(3)動力因；(4)目的因。——譯者

[293]

父親的和做母親的也是這樣，雖然孩子從他們身上接受到一點質料，然而不是作爲一個動力本源，而是作爲一個質料本源得到它。你反駁說：**在一個結果中的有一定是形式地或卓越**[10]**地（éminement）在它的原因裡**，你想要說的不過是：結果的形式和它的原因的形式有時相同，有時不同，但是不如它的原因的形式完滿，因此原因的形式就比它的結果的形式更高尚。然而這並不等於說，卓越地包含了結果的原因把它自己的有的什麼部分給它的結果，或者說，形式地包含了結果的原因把它自己的形式分給它的結果。因爲，雖然用種子的辦法生化的生物，在它們的生化中是這樣做的，但是我想你不能說，當一個做父親的生他的兒子的時候，是把他的有理性的靈魂切下來一部分給了他的兒子。總之，動力因只有當它能夠用某一種質料形成它的結果並且能夠把它最後的完滿性給予這個質料時才包含它的結果。

後來，關於你所推論的客觀實在性，我舉我自己的影像來做例子說明。我的影像可以從鏡子裡來觀察，也可以從一個畫家畫的畫像上來觀察。既然我自己是鏡子裡的影像的原因由於是我自己把我的影像投到鏡子裡去的，而畫家是畫像上的影像的原

---

⑩「卓越地」（éminement）存在，指存在於高於自己而且包含了自己的東西上。一個東西可以有三種存在方式：(1)客觀地存在；(2)形式地存在；(3)卓越地存在。前兩種已見於前面的註解中。——譯者

因，那麼同樣，當我自己的觀念或影像是在你的心靈裡或在別人的心靈裡時，人們可以問，是否我自己是這個影像的原因，由於是我把我的形象投到眼睛裡去，並且通過眼睛的媒介達到理智本身；或者是否有一個別的什麼原因，它像一個技藝熟練、精細的畫家一樣，把它刻畫、貼放在理智裡。但是，似乎不必從我以外尋找別的原因；因爲，雖然理智後來能夠把我自己的這個影像隨意加以放大、縮小、組織、捏揉，不過不管如何，我是它本身所有的全部實在性的第一和主要原因。這裡說到我的東西，也應該同樣應用到其他一切外在對象上。你現在把歸於這個觀念上的實在性區分爲二：形式的實在性和客觀的實在性；說到形式的實在性，它不可能是別的，只能是這種精細的、稀疏的實體，這種實體不停地從我流出或發出，而一旦被收到理智裡邊就變成一個觀念。如果你不願意說來自對象的這種東西是一種實體的流動的話，那麼你願意怎麼說就怎麼說吧，你總免不了要減少它的實在性的。至於說到客觀的實在性，它不可能是別的，只能是這個觀念所具有的我自己的表象或形象，或者至多是使這個觀念的各部分得以把我表象出來的配合和安排。不管你把它當成什麼，但無論如何我看不出它有一點是實在的，因爲它僅僅是在與我有關的各部分之間的一種關係；或者它是形式的實在性作爲是這樣子而不是那樣子地被安排和處理的一種樣式。不過這沒有多大關係，既然你願意，那麼我也同意它被叫做**客觀的實在性**。提出了這個問題以後，我覺得你應該把這個觀念的形式實在性拿來同我自己的形式實在性或者同我的實體比

[294]

較，把它的客觀實在性拿來同我的身體的各部分的配合或者和我自己的輪廓和外表比較；而你卻高興把它的客觀實在性拿來同它的形式實在性比較。最後，不管你用什麼方式來解釋前面這個定理，顯然不僅在我裡邊所有的形式實在性同在我的觀念裡邊所有的客觀實在性一樣多，而且這個觀念的形式實在性同我的形式實在性比較起來，也就是說，同我的全部實體的實在性比較起來，簡直就算不了什麼。因此我同意你所說的，**在一個觀念的原因裡所有的形式實在性一定至少同在這個觀念裡所有的客觀實在性一樣多**，因爲在一個觀念裡所包含的一切東西同它的原因比較起來，簡直就算不了什麼。

六、你接著說，假如在你心裡有一個觀念，它的客觀實在性大到你無論形式地或卓越地都包含不了它，因而你不可能是它的原因時，那麼其結果必然是在世界上除了你還有一個別的東西存在，必然是沒有它你就不能有任何論據使你肯定任何事物的存在。然而，我以前已經說過，你並不是觀念的實在性的原因；觀念的實在性的原因是被觀念所表象的事物本身，由於事物把它們自己的影像好像送到鏡子裡邊一樣地送到你的心裡，即使在你有時能夠想出一些怪物的時候都是如此。但是，不管你是原因也罷，不是原因也罷，你真的因此就懷疑世界上除了你之外就沒有別的事物存在了嗎？我請你不要向我們故弄玄虛了；因爲，不管觀念是什麼吧，我想對於一件如此可靠的事是用不著去找一些道理來給你證明的。

[295]

在這以後，你羅列了在你心裡的一些觀念；在這些觀念裡邊，除去你自己的觀念以外，你也列舉了上帝的觀念、有形體而沒有生命的東西的觀念、天使的觀念、動物的觀念和人的觀念。你列舉了這些是爲了（在你說對於你自己的觀念不會有任何問題這話之後）推論人的觀念、動物的觀念和天使的觀念是可以由你所具有的上帝的觀念、你自己的觀念和有形體的事物的觀念組合而成，甚至有形體的事物的觀念也可以由你自己而來。然而我覺得這裡很値得驚訝的是，你怎麼有那麼大的把握認爲你具有你自己的觀念，這個觀念的內容甚至豐富到如此程度，以致你可以從它本身裡提出那麼一大堆其他的觀念，而對於它，竟不會有任何問題；雖然的確可以說，要麼是你根本沒有你自己的觀念，要麼是，即使你有，它也是非常模糊、不完滿的，就像我已經在關於前面的「沉思」⑪裡所提到的那樣。沒錯，你在這一點上堅持說，沒有什麼能比你自己更容易、更顯明地被你認識的了；然而，如果我在這裡指出，既然你不會有也不可能有你自己的觀念，那麼你對任何東西都沒有比對你或你的心靈更容易、更顯明地認識的了，這話怎麼說呢？的確，考慮到眼睛爲什麼和怎麼不能看見它自己，理智爲什麼和怎麼不能理解它自己，我就想到無論什麼都不能作用於它本身，因爲事實

⑪ 即〈對「沉思二」的詰難〉。——譯者

上，手，至少是手指，不能打它自己，腳也不能踢它自己。再說，爲了認識一個事物，既然必須是這個事物作用於認知的功能，也就是說，必須是這個事物把它的形象送到認知的功能裡邊，或者說，必須是這個事物告知認知的功能，把它自己的影像裝在它上面，那麼顯然的是，官能本身既然不在它自己以外，就不能把它自己的形象送給或傳給它自己，因而也不能形成它自己的概念。而你想爲什麼眼睛不能在它自己裡邊看見它自己卻能在鏡子裡邊看見它自己呢？這無疑地是因爲在眼睛和鏡子之間有一個距離，眼睛把它自己的影像送給鏡子以作用於鏡子，使鏡子隨後把眼睛的形象送還給它以作用於它。給我一面鏡子，你用同樣的辦法來作用於鏡子吧，我向你保證，在它把你自己的形象反射、送還給你之後，你能夠看見和認識你自己，當然這種認識不是直接的，不過至少是一種反射的認識；我看不出你用別的辦法能夠對你自己有任何概念或觀念。

我本來還可以在這裡堅持問你，你怎麼可能有上帝的觀念，除非這個觀念是像我以前所描述的那一種；你怎麼可能有天使的觀念，除非你事先聽說過，我懷疑你會對它有過任何思想；你怎麼可能有動物的觀念以及其餘一切事物的觀念，對於那些事物，我相信你永遠不會有任何觀念，除非它們落於你的感官；而你對於數不盡的其餘事物也永遠不會有任何觀念，除非你看到或聽說過它們。但是，我不在這上面繼續堅持下去了，我同意人們能夠把存在於心靈的各種事物的觀念進行安排、組合，從而產生許多別的事物的形式，不管你能數得出多少事物的形式來，都不足以說清那麼多種多樣的形式，也不能說清任何一種事物的清楚、明確的觀念。

我只想在有形體的東西的觀念上停一下。提到這些觀念，要知道你怎麼能夠（在你一直認爲你不是有形體的，並且把你自己看做是那樣的時候）單獨從你自己的觀念得出有形體的東西的觀念來，這倒不是一個小的難題。因爲，假如你只認識精神的或無形體的實體，那麼你怎麼也能理解有形體的實體呢？這兩種實體彼此之間有任何關係嗎？你說它們彼此之間在它們都是能夠存在的這一點上是共同的；不過，如果不首先理解你說有共同性的東西的性質，這種共同性就是不能被理解的。因爲，你是做出一個共同的概念，而這個共同的概念只有從對於個別的一些事物的認識上才能做成。的確，假如理智用對無形體的實體的認識就能做出有形體的實體的觀念來，那麼就用不著懷疑一個天生的瞎子，或者是一個自從生下來就被關到一點光都看不見的地方的人，能夠做成顏色和光的觀念了。你說人們也可以有廣延、形狀、運動以及其他一些共同可感覺的東西；但你只是空口說白話，而沒有事實根據。光是說一說，那太容易了。因此我奇怪的是：爲什麼你不能用同樣容易的辦法得出光的觀念、顏色的觀念以及成爲其他感官的各自對象的一些別的東西的觀念。不過對於這件事不要扯得太多了。

七、你最後說：**因而只剩下上帝的觀念了，在這個觀念裡邊，必須考慮一下是否**

有什麼東西是從我自己來的。用上帝這個名稱，我是指一個無限的、永恆的、不變的、獨立的、全知的、全能的以及我自己和其餘一切東西（假如眞有東西存在的話）由之而創造和產生的實體。所有這些，事實上都是使我越認眞考慮它們，就越不相信我對它們所具有的觀念能夠單獨地來源於我；因此，從上面所說的一切中，必然得出上帝存在這一結論。這樣一來你終於達到了你預期的目的；至於我，我把你剛才所得出的這個結論拿來琢磨一下，我看不出你從什麼地方能得出它來。你說你從上帝身上所理解的那些東西，不能是從你自己來的，以便從而推論它們一定是從上帝來的。然而，首先，它們絕不能是從你自己來的，並且單獨靠你自己，你也不能認識它們，這是再眞實不過的了。因爲，除去外在的對象本身把它們的觀念給你送來以外，這些觀念還是來自你的父母、你的老師們、聖賢的話裡，以及和你一起談話的人的話裡，你是從那些話裡學來的。然而你也許回答說：我不過是一個心靈，我不知道在我以外是否有什麼東西；我甚至懷疑是否我有用以聽到任何東西的耳朵，不知道是否有我與之談話的人。你可以這樣回答；但是，假如你眞的沒有耳朵來聽我們說話，假如沒有人教過你說話，你會說以上的話嗎？我們說話要嚴肅一點，不要歪曲眞理；你所說的關於上帝的那些話，難道你不是從同你一起生活的那些人們經常接觸中學來的嗎？既然你記住了他們的話，難道你不是也從他們那裡記住了那些話所指的和你所理解的概念嗎？因此，雖然人們同意我們說它們不能單獨由你而來，但這並不等於因此就說它一定來自上帝，而只能說它是來自你以外的什麼。然後，在你以前所看見過和學過的事物上你所不能形成和組成的那些觀念裡邊有什麼呢？你因此想理解超乎人類智慧以外的什麼東西嗎？的確，假如你如實地理解了上帝，你就眞的可以認爲你是親自受過上帝的培養教導了；但是你所給予上帝的所有那些屬性不是別的，而只是一大堆你在某些人身上和其餘的東西上所觀察到的某些完滿性，對這些完滿性，你的心靈有能力高興怎麼樣就怎麼樣加以理解、組合和擴大，就如同我們多少次所觀察到的那樣。

你說，雖然你能夠由你自己得出來實體的觀念，因爲你自己是一個實體，但是你卻不能由你自己得出一個無限的實體的觀念，因爲你自己不是無限的。假如你認爲你有無限的實體的觀念，那你就大錯而特錯了。無限的實體的觀念在你心裡只不過是一個空名，而且只是按照人們所能夠了解無限的那樣了解的，而實際並沒有了解無限；因此像這樣的一個觀念並不一定是從一個無限的實體發出的，因爲，就像以前曾經說過的那樣，它們可以是由人類心靈有能力理解的那些完滿性加以組合、擴大而被形成的；除非是像古代哲學家們那樣，把他們對於這個可見的空間，這個世界，以及這個世界所由之而組成的很少的本源所具有的觀念加多了多少倍，做成了無限廣大的世界的觀念，無限多的本源的觀念，和無限多的世界的觀念，你想說他們不是用他們的思想做成的這些觀念，而是這些觀念是由一個眞正廣大無垠的世界，由眞正無限多的本源，由實際存在無限多的世界送到他們心靈裡邊的。

至於你所說，你由一個眞正觀念而理解了無限。當然，如果這個觀念是眞的，它就可以如實地給你表象無限，你從而就可以理解在它裡邊的最本質的東西，即現在所談到的無限性本身。不過你的思想總是爲有限的東西所侷限，而你除了無限這個名稱本身以外，沒有說到別的，因爲你不能理解超乎你的理解力之外的什麼，所以人們有理由說，你只是用有限的否定詞來理解無限。光說你在一個無限的實體裡邊比在一個有限的實體裡邊理解到更多的實在性，這是不夠的；因爲你必須理解一個無限的實體，而這卻是你沒有做的；而且實在說來，光是擴大有限的實體，你也理解不到更多的實在性；然後你想像，在你用你的思想像這樣放大了和擴展了起來的東西裡邊，比它在被縮小了和沒有被擴展時有著更多的實在性，這除非是你也認爲這些哲學家，當他們想像許多世界的時候所理解的實在性眞的比他們只理解一個世界時所理解的實在性要多。關於這一點，我將順便提到：我們心靈越增加和擴大某一形象或觀念，它（心靈）就越模糊，其原因就在於，當它擾亂了這個形象的自然情況，從自然情況中去掉了各部分的區別，把這個形象擴展到如此程度，使它如此稀薄，以致最後它消散了。我也不能不說，心靈由一個完全相反的原因，即當它把它以前以某種大小所理解的觀念過分地加以縮小時，它也同樣會模糊的。

你說，你不能理解無限，甚至不能理解無限中的很多東西，這都沒有關係；而重要的是，只要你對其中很少的東西理解得很好，以便眞的可以說你對這些東西有了一個非常眞實、非常清楚、非常明白的觀念就行了。絕非如此；假如你眞的不理解無限而只能理解有限的話，那麼你就沒有一個眞實的無限的觀念，你有的只是一個有限的觀念。最多只能說你認識了一部分無限，而不能因此就說你認識了無限本身。同樣，誰要只認識了一個洞穴的窟窿就可以說他認識了世界的一部分，但不能說他有整個世界的觀念。因此，假如他相信一個如此小的部分的觀念就是整個世界的眞實的、自然的觀念，那就是十分可笑的。你說：**然而，無限不能被有限的你所理解，這是它的特點**。沒錯，這一點我也相信；不過，只把無限表象出一個非常小的部分，或者甚至一點也沒有表象出來，這也絕不是無限的眞實觀念的特點，因爲這個部分同全部是不能倫比的。你說：**只要你把這很少的東西理解得很清楚就夠了**。是的，就如同你想要對誰有一個眞正的觀念，只要看看他的頭髮梢就行了。一個畫家爲了在畫布上如實地表象出我來，只要畫上我的一根頭髮，或者甚至畫上我的一根頭髮梢，不是就可以成功嗎？而實在說來，在我們對無限所認識到的一切同無限本身之間的差別要比我的一根頭髮，或者我的一根頭髮梢同我的全身之間的差別不僅大得多，甚至大到無限倍。總之，你的全部推理既不證明無限多的世界，也同樣不能證明上帝，那些古代哲學家們倒還容易由他們對這個〔世界〕所具有的清楚、明白地認識而做出、理解出那些〔世界〕的觀念來，而你卻不容易由你對你的實體（你連它的本性都還不知道）的認識而理解出一個上帝，或者一個無限的有來。

八、你在這以後又做出了另外一個推理：**因爲，假如在我心裡我不是有一個比我的有更完滿的有的任何觀念，不是由於同那個有做了比較我才會看出我的缺陷的話，我怎麼可能知道我懷疑、希望，也就是說我知道我缺少什麼東西，我不是完滿無缺的呢？**然而，如果說你懷疑什麼東西，你希望一個什麼東西，如果說你知道你缺少什麼完滿性，這有什麼不得了呢，既然你不全知道，既然你不是在一切東西裡，既然你不具有一切？你說你知道**你不是完滿無缺的**。我當然相信你的話，你可以毫無顧慮地這樣說而不會有錯；你最後說：**因此，有一個比我更完滿的什麼東西存在**。爲什麼不是呢？儘管你所希望的並不總是比你更完滿。因爲當你希望一些麵包時，你所希望的麵包無論如何並不比你或比你的身體更完滿，它只能是比餓，或者枵腹，更完滿而已。那麼你怎麼結論出有什麼比你更完滿的東西存在呢？這是因爲，比如說，你看到了包括你、麵包以及同你一起的其他一切在內的全部事物；因爲既然宇宙的每個部分本身都有一些完滿性，並且這些部分相輔相成，使彼此更爲完滿，那麼很容易理解，在全部裡比在部分裡有著更多的完滿性，而結果，因爲你不過是全部的一部分，你一定認識什麼是比你更完滿的。你因此可以用這個方式在你心裡有一個比你的有更完滿的有的觀念，由於同它比較，你才認識你的缺陷，而不去說在這個宇宙裡有其餘的部分比你更完滿；這樣一來，你可以希望它們所具有的東西，而由於同它們比較，你的缺陷才能夠被認識出來。因爲，你能認識一個比你更強壯、更健康、更精幹，長得更美、

[302] [301]

更有知識、更溫和因而更完滿的人；而你並不難理解他的觀念，並且，經過同這個觀念做了比較，就不難認識到你沒有那麼好的健康，沒有那麼大的力氣，一句話，沒有像他所擁有的那麼多的完滿性。

稍後一些，你給你自己提出這樣一個意見：**然而也許我是比我所想的更多一些的什麼東西，也許我歸之於上帝的所有這些完滿性是以某種方式潛在於我之中，雖然還沒有產生出來，還沒有由它們的行動表現出來，而假如我的知識越來越向無限去增長，就有可能產生出來，由它們的行動表現出來的。**但是你自己回答說：**雖然我的知識的確每天都獲得更進一步的完滿，雖然有很多東西是潛在於我，而不是現在於我，但是沒有一個是屬於上帝的觀念；在上帝的觀念裡，一點沒有只是潛在的東西，而全是現在的、實在的東西，尤其是從我的知識逐漸增加，一步步地增長這一點上，難道不就是說明了我的知識的不完滿性的必然論據嗎？**但是，對於這個問題，人們可以這樣回答：沒錯，你在一個觀念裡所理解的東西，在這個觀念裡邊是現在的，但是不能因此就說這些東西在觀念所表象的事物本身裡邊是現在的。就如同建築師想像一個房子的觀念，這個觀念，沒錯，是現在地由牆、地板、房蓋、窗戶以及其他的部分所組成的，按照他所採取的計畫那樣，但是房子以及它的各部分還不是現在的，而只是潛在的；同樣，古代哲學家們對於無限多的世界所有的那個觀念實際上也包含著無限的世界，但你不能因此就說這些無限的世界現在的存在。因此，不管在你心裡有什麼潛在的東西也罷，沒有也罷，你的觀念或知識能夠一步步地增加、增長，就已經足夠了，不應該因此就推論說被它所表象或認識的東西現在地存在著。你在這以後所提到的，即**你的知識永遠不會是現在地無限的**，這一點倒是完全可以同意的；不過你也應該知道：關於上帝，你永遠不會有一個眞實的、自然的觀念，你對上帝要比你對僅僅看了他的頭髮梢的那個人，還有多得多、無限多的東西有待於你去認識呢。因爲，即使你沒有看見這人的全身，不過你看見過別的人，同別的人比較以後，你就能夠用揣測來想像出他的觀念來；但是不能說我們看見過同上帝、同他的本質和廣大無垠性相似的東西。

你說你理解**上帝是現在地無限的，因此在他的完滿性上不能有所增加**。但是你並不知道他而竟這樣地判斷了他，你所下的這個判斷不過是出於你心靈的一種臆斷，同古代哲學家們以爲有無限的世界、無限多的本源，和一個廣大到不可能增添任何東西的宇宙一樣。你接著說：**一個觀念的客觀的有不能取決於或產生自一個僅僅是潛在的有，而只能來自一個形式的或現在的有**。如果說我剛才說的關於一個建築師的話以及關於古代哲學家們的話是正確的，主要的是，假如你注意到這一類的觀念是由其他的、其原因的現實存在性早已告知了你的理智的那些觀念所組成的，那麼你看你說的這句話就如何能夠是正確的。

九、你在這以後問，假如沒有上帝，那麼具有一個比你的有更完滿的有的觀念的你，你自己能夠存在嗎？你回答說：**那麼我將從誰那裡得到我的存在呢？是從我自己？還是從我的父母？還是從不如上帝完滿的什麼其他原因？**接著你證明你不是由你自己而存在的。但這是不必要的。你也講出爲什麼你以前也不是一直存在的；但這也是多餘說的，除非你想從而推論出你不僅具有你的存在的動力的、生產的原因，而且你還具有一個時時保存你自己的原因；而你說這是因爲，既然你的全部生存時間可以分爲許多部分，那麼由於各個部分之間彼此獨立，因此必然在每一個部分上你都是重新被創造的。但是我請你看看這話怎麼理解。因爲，沒錯，某些結果，爲了堅持存在，爲了不是每一時刻都被消滅，就需要給它們第一次存在的那個原因在當前並且繼續不斷地作用著。太陽的光就是屬於這類性質的。實在說來，雖然這類的結果事實上同無形中接續它們的那些另外的結果不那麼完全一樣，就像從河流中的水所看到的那樣；但是我們還看見別的，不僅在產生它們的原因不再作用了的時候，甚至在那個原因完全腐朽和消滅的時候，它們依然存在。我們看見的其原因已經不繼續存在了的一切東西都屬於這一類；在這裡我們用不著一一加以列舉，只舉你就夠了，你自己就是其中的一個，不管你的存在的原因是什麼。但是你說，你的生存的時間的各部分彼此不相依賴。在這一點上我們可以辯解說，我們想像不出任何東西，它的各部分彼此之間比時間的各部分彼此之間是更不可分的，比時間的聯繫和連續是更不可分解，比它的後來的各部分是更不容易分開，比先前的各部分更有結合性，更有依存性。但是，不必在這一點上再爭執下去，我只問你：時間的各部分彼此之間的這種依存性或獨立性（它們是外在的、交替的不起任何作用）對於你的產生和保存有什麼用處呢？肯定的是它們對於你的產生和保存並不比潮水不斷地漲落衝激一塊岩石而對於這塊岩石的產生和保存所起的作用更多。你後來說：**但是從我以前存在裡並不能得出我現在必定存在這一結論來**。我很相信這話。但不是由於因此就需要一個原因不斷地重新創造你，而是由於並非無可能有什麼原因能夠毀滅你，或者你在你裡邊所具有的力量和能力少到使你自己最後消滅了。

你說：**由於自然的光明，這是一件非常明顯的事，即保存和創造只是從我們的思想方法來看才是不同的，而從事實上來看並沒有不同**。但是我看不出這是明顯的，除非也許像我剛才所說的那樣，在這樣的一些結果裡，它們要求它們的原因在當前而且繼續不斷地作用著，像光和諸如此類的東西那樣。

你接著說你在你裡邊沒有那種能力能夠使你自己保存下來，因爲你既然是一個在思想的東西，那麼假如這樣的一種能力是在你裡邊，你會認識出它來的。但是在你裡邊的確有某一種能力，它使你確信你將繼續存在；不過不是必然地、無可懷疑地，因爲這種能力，或者是自然的構造，不管它是什麼吧，還做不到給你鏟除一切種類的毀滅原因，不管它是內在的還是外在的。這就是爲什麼你將繼續存在下去，因爲你在你裡邊有足夠的能力，不是爲了重新產生你，而是爲了使你在萬一有什麼毀滅原因突然到來的情況下，得以繼續存在下去。

然而，你從你的全部推理中結論得很好：你依賴一個和你不同的什麼東西，但不是由於你被它重新產生，而是由於你以前曾經被它產生過。

你接著說，你所依賴的這個有既不能是你的父母，也不能是除了你的父母以外的東西。但是，爲什麼不是你的父母呢？你不是好像那麼明顯地和你的身體一起被他們產生的嗎？不必說太陽和許多別的東西也助成你的產生。你說：**但是，我是一個在思想的東西，一個在我裡邊有上帝的觀念的東西**。

然而你的父母，或者你父母的心靈，他們不也是和你一樣是在思想的東西嗎？不是也有上帝的觀念嗎？而你爲什麼要在這裡，像你所做的那樣，喋喋不休地又說你以前說過的那個定理，即**這是一件非常明顯的事：在原因裡一定至少和在它的結果裡有一樣多的實在性**？你說：**假如我所依存的是上帝以外的東西，那麼人們可以問：他是自在的呢，還是他在⑫的？因爲，假如他是自在的，那麼他就是上帝；假如他是他在的，那麼人們將再一次地問同樣的問題，一直到人們達到一個自在的原因時爲止，而結果，這個自在的原因就是上帝；因爲在這上面無窮地追溯下去是不可能的。**然而，

⑫ 由於別的原因而存在。——譯者

假如你的父母曾經是你的存在的原因，那麼這個原因之存在也不是自在的，而是他在的，而這個別的原因又是由於別的原因而存在的，這樣一直到無窮；而假如你不能同時證明世界有始，因而有第一個父親，在他上面再沒有父親了，你就永遠不能證明這樣無窮地追溯下去有什麼不合理。的確，這樣無窮地追溯下去之所以似乎是不合理，僅僅在於這些原因彼此是如此緊密地互相連結和從屬，以致低級的東西沒有高級的推動就不能行動；就如同一個什麼東西被一塊石頭碰動了，石頭是由一根棍子推動的，棍子是被手搖動的；或者如同一個重量是吊在一根鏈子的最末一個環上，這個環是被在它上面的一個環牽引著，而那一個環又被再上面的一個環牽引著；因爲，這樣一來，就必須追溯到一個使其餘的一切都動起來的首動者。然而在這些原因裡（它們是這樣被安排了的，即當第一個原因毀滅時，依存於它的那個原因就不能續存下去，就不能起作用），好像是假定追溯到無窮去也並沒有什麼不合理。因此，當你說，非常明顯，不可能追溯到無窮這話的時候，你看亞里斯多德是否這樣判斷的：他認爲世界是無始的，他並不認爲有第一個父親。

你繼續進行你的推理說，人們也不能夠假定也許很多原因共同產生了你的存在，你從其中的一個原因裡接受了你歸之於上帝的那些完滿性中之一的觀念，從另外一個原因裡接受了一個另外的觀念，因爲所有這些完滿性都只能存在於以統一性或單純性爲其主要完滿性的唯一的、眞實的上帝之中。不過，無論你的存在的原因只有一個也罷，有許多也罷，這些原因不一定是把它們的（也就是你後來所湊集起來的）完滿性的觀念印到你的心裡。但是，我想問你，就算是你的存在不能有許多原因，但是至少，爲什麼那許多東西不能都存在於世界之上，而你關於這些東西，在分別地察考和讚美了它們的不同的完滿性之後，竟認爲一切完滿性都集之於一身的那個東西該是幸福？你知道詩人們如何給我們描述了潘朵拉（Pandora）⑬；你不也是一樣嗎？你不是也把你所讚美的屬於不同人們的卓越的知識、高尚的智慧、至高無上的能力、充沛的健康、完滿無瑕的美貌、永不衰落的幸福以及長壽等完滿性都集合起來，並且想到，誰要是能夠具有這一切，他該是多麼值得令人讚美嗎？接著你不是把所有這些完滿性擴大到這樣的程度，使具有這些完滿性的人更值得令人讚美，不僅是由於他在他的知識、能力、持續以及他的全部完滿性上毫無所缺，同時也由於這些完滿性達到如此高度，以致人們不能再增之一分，而這樣一來，他就成爲全知的、全能的、永恆的，他就把各類完滿性具有到至高無上的程度？而且，當你看到人類的本性不可能包含有這麼一大堆五花八門的完滿性時，你不是就想到把所有這都集於一身的那個東西該是完全幸福的嗎？你不是也相信，像這樣的一種東西是否存在於世界之上是值得你

⑬ 潘朵拉（Pandora）是希臘神話中在宙斯的命令下造的第一個女人。——譯者

去追求，去知道的嗎？你不是由於某些論據使你相信。像這樣的一種東西似乎是存在比不存在更合適一些嗎？在終於假定了它存在之後，你不是否認了它具有形體性、有限性以及在概念上含有某種不完滿性的其他一切性質嗎？許多人無疑地就是像這樣進行他們的推論，雖然大家可能並沒有走同一的道路，有些人把思維推進得比另外一些人更遠一些，有些人把神關閉在物體裡面，另外一些人給神賦以人的形象，而還有一些人不滿足於一個神，於是按照他們自己的想法造了許多神，另外還有一些人隨心所欲地在神的問題上想入非非，像無知的偶像教那樣。關於你所說的統一性的完滿性，你把你歸之於上帝的那一切完滿性理解爲密切地結合在一起而不可分割，這倒無妨，雖然你對他的觀念並不是他放在你心裡，而是你從外在的一些對象抽出來然後增加上去的，像我們以前所說過的那樣；他們就是這樣地不僅把潘朵拉給我們描繪成一個具有一切完滿性的女神，每個神都把自己的一個主要的優點贈給了她，而且他們也是這樣地做成了一個完滿的理想國的觀念和一個十全十美的演說家的觀念；等等。最後，從你存在以及從一個至高無上地完滿的有的觀念之存在於你心裡這件事上，你得出結論說：**這非常明顯地證明了上帝存在**。然而，雖然結論是非常正確的，即上帝存在，但是我看不出這個結論是必然地從你所提出的一些前提得出來的。

十、你說：**我只剩去檢查我是用什麼方法獲得了這個觀念的；因爲我不是通過感官把它接受過來的，而且它也從來不是由於遇合而呈現給我的；它也不是我的心靈所**

產生的或捏造的，因爲我沒有能力在上面加、減任何東西，因而只好說，和我自己的觀念一樣，它是從我被創造那時起，與我俱生的，此外再無話可說。然而我已經不只一次地指出過，一部分是你可以從感官接受來的，一部分是你自己捏造的。至於你所說的，你不能「在上面加、減任何東西」，你要記得你開始時對他的觀念是多麼不完滿；你想想，可能有些人，或有些天使，或有些比你更有知識的別的東西，你可以從他們那裡學到你還不知道的有關上帝的本質的什麼東西；你至少想想，上帝可以（無論是在今生或是在來生）教導你，提高你的認識，使你得以把你已知的有關他的一切都認爲不算什麼；最後你想想，從對萬物的完滿性的考察上，如何可以上升到認識上帝的各種完滿性，並且由於這些完滿性不能一時都被認識，而是日復一日地發現一些新的，因此我們不能一下子對上帝有一個完滿的觀念，這個觀念是隨著我們的知識的增加而不斷完滿起來的。

你接著這樣說：**當然，這是不足爲奇的，上帝在創造我的時候，把這個觀念放在我裡邊，就如同工人把標記刻印在他的作品上一樣。這個標記也不必一定和這個作品本身不同；而只就上帝創造我這一點來說，非常可信的是：他是有些按照他的形象而產生的我，對包含有上帝的觀念在內的那個形象，我是用我理解我自己的那個功能去理解的，也就是說，當我自己反省的時候，我不僅認識到我是一個不完滿、不完全、依賴於別人的東西，這個東西不停地傾向、希求比我更好、更偉大的東西；而且我同

時也認識到我所依賴的那個東西，在他自身裡邊擁有我所希求的、在我心裡有其觀念的一切的偉大東西，不是不確定地、僅僅潛在地，而是實在地、現在地、無限地擁有這些東西，而這樣一來，他就是上帝。沒錯，所有這些，表面看起來都非常正確、非常漂亮，我並不說它們不對；然而我還是要問，你是從什麼前提上推出來的這些東西。因爲，我以前所反駁的那些，姑且擱下不管，我要問你，假如眞把「上帝的觀念在我們心裡就如同工人的標記刻印在他的作品上一樣」，那麼請你告訴我，這個標記是用什麼方式刻印的？它是什麼樣形式的？你是怎麼去辨認的？如果它和作品或事物本身沒有不同，那麼難道你自己不過是一個觀念嗎？你不過是一個思想方式嗎？你既是刻印的標記，同時又是刻印的主體嗎？你說：**非常可信的是：上帝是按照他自己的形象創造的你**。實在說來，這話用信仰和宗教的光明是可以相信的；但是，除非你假定上帝是有一個人的形象，這話怎麼能用自然的理性去理解呢？這個相似性在什麼上呢？你不過是灰和塵土，你膽敢和這個永恆的、無形體的、廣大的、非常完滿的、非常榮耀的，以及尤其重要的是，對我們的很少光明的、軟弱無能的心靈來說，非常不可見的、非常不可理解的東西相似呢？你曾經面對面地看見過他，把你和他比較，以便相信你是和他相符的嗎？你說：**這是非常可信的，因爲他創造了你**。相反地，就是因爲這個，它才是不可信的，因爲作品永遠不能和作者相似，除非作品是作者用把自己的本性傳過去的辦法生出的。但是你並不是上帝用這樣的辦法把你生出來的；因爲你不是他的兒子，你也不能分有他的本性；你僅僅是被他創造的，就是說，你僅僅是被他按照他所想出的主意而製造的；因此，你不能說你和上帝相似，就如同你不能說一座房子和一個泥瓦匠相似一樣。而且即便是這樣，而假定你是上帝所創造的這一點，你還沒有證明。你說：**你理解出這個相似，同時你又理解出你是一個不完全、依賴於別人的東西，這個東西不停地希求更偉大、更好的一些東西**。但是，爲什麼這不反而是一個不相似的標記呢，既然上帝相反地是非常完滿、非常獨立、非常自身滿足無缺，他是非常大、非常好的？不必說當你想到你是依賴於別人的時候，你不是因此就立刻想到你所依賴的是你的父母以外的人，或者，假如說你想到的正是你的父母以外的人，你也沒有理由說明爲什麼你相信你和他相似；也不必說，奇怪的是爲什麼其餘的人，或者是，假如你願意的話，其餘的心靈們，和你理解的不一樣，既然主要的是毫無理由認爲上帝沒有把他自己的觀念像刻印到你心裡那樣也刻印到他們心裡。肯定地說，僅僅這一點就再好不過地足以證明這不是上帝親手刻印的一個觀念了，即：假如是上帝親手刻印的觀念，那麼一切的人就會都有同樣的標記刻印在他們的心靈上，他們就會以同一的方式、同一的樣子理解上帝了；他們就會都把同樣的一些東西歸之於上帝，就會對他有同樣的感覺；然而我們所看到的卻顯然與此相反。但是，關於這個問題，已經談得太多了。

[310]

對「沉思四」的詰難

關於真理和錯誤

一、在這一《沉思錄》一開始你扼要地敘述了你認爲以前充分論證了的一切事物，你以爲你用這個辦法就開闢了道路，使我們的認識再前進一步。至於我，爲了不拖延一個如此美好的計畫起見，我先不打算堅持說你應該把那些事物再論證得更清楚些；只要你記住什麼是你同意了的，什麼是你沒有同意的，這就夠了，怕的是你以後把它作爲一種已定之論。

在這以後你繼續推理說，**上帝絕不可能欺騙你**；而爲了原諒你從他那裡得來的那個容易錯誤的功能起見，你把錯誤歸咎於無。你說：**無的觀念時常出現到你的思想中去，而你也以某種方式分享無；因此你認爲你是介乎上帝與無之間的**。這個推理當然是非常漂亮的；但是，我姑且不說這不可能解釋無的觀念是什麼，或者我們怎麼理解這個觀念，也不可能理解我們在什麼上分享無，以及許許多多別的東西；我僅僅提一下，做這樣的一個分別並不能說明上帝能給人一種免於錯誤的判斷功能。因爲，雖然那種功能不是無限的，但是它可以阻止我們去同意錯誤；因此，我們所認識的，我們都會認識得非常清楚、非常明白；我們所不認識的，我們都不會加以任何迫使我們置以可否的判斷。

你自己反駁你自己說：**假如你不能懂得爲什麼上帝做了他所做的，這也不值得驚奇**。這話說得太好了；不過，値得驚奇的是：你在你心裡有一個眞實的觀念，它給你表象了全知、全能、全善的上帝，而你卻看到在他的作品之中有許多並沒有完全做好。這樣，既然能夠做得更完滿而竟沒有那樣做，這似乎就說明他或者是缺少知識、或者是缺少能力、或者是缺少志願；說明他至少在這一點上並不完滿，也說明他寧願不完滿而不願更完滿，假如他知道怎樣做，也能夠那樣做，就是不願那樣做的話。

至於你說：**人們習慣於從目的裡得來的所有這一類的原因，都不能用於物體的東西**，假如是在別的場合上，你這話說得也許有道理；可是在談到上帝時，怕的是你把主要的論據給反駁掉了，這個論據說明了上帝的智慧、他的能力、他的神見（providence）①，甚至他的存在都是能夠用自然的理性加以證明的。因爲，姑且不去說這個有說服力的證明是可以從對宇宙、天以及宇宙的其他主要部分的觀察上得來的，我只請問你，證明上帝的最有力的論據，如果你不是從觀察在每一類造物（無論是植物、動物、人或者你自己的帶有上帝的影像和特性的那一部分，甚或你的身體）中的各個部分的美好秩序、功用和節約②上得出來的，那麼又從什麼地方得出來的呢？而事實上，我們看見許多偉大的人，他們從人體解剖的觀察上不僅提高了他們對

① 「神見」（providence），即上帝事先有意的一種安排，相當於我國舊時的成語「天意如此」的「天意」。——譯者

② 「節約」指天工之巧妙而言，詳見下段。——譯者

上帝的認識，而且對上帝加以五體投地的讚美，因為他們在上帝給予人體每一部分的完滿性和安排中看到了一種如此美妙的智慧、如此卓絕的神見。

你也許說，應該作為我們研究對象的是這種形式和情況的物理性的原因，而那些注意目的而不注意動力或質料的人是可笑的。但是，直到現在還沒有人能懂得（更不要說解釋）像十一個小門一樣地掌管兩個心房上的四個孔道開閉的那十一塊小皮③是怎麼做成的；它們所具有的安排是誰給的；它們的性質是什麼，做成它們的原料是從哪裡來的；它們的動能怎麼使用到動作上去，使用什麼器官和工具，以及怎樣使用它們，必須有什麼東西才能給它們以它們所具有的節制力，把它們做成彼此一致、互相聯繫、富有彈性，以及大小、形狀、地位都合度，像我們所看到的那樣。我說，直到現在還沒有一個生物學家能夠懂得並且解釋這些事情，而其餘很多人，我們，為什麼我們不能至少對這種美妙絕倫的功用，對把這些小門那麼合適地安放到心房入口處的那種無以形容的神見去加以讚美呢？對於因此而認為一定要承認一個第一因的人，認為這個第一因不僅把這些東西，而且把我們所看到的宇宙間一切更令人驚歎的東西，都如此明智地安排得恰合它們的目的，對於這樣的人，我們為什麼不該加以讚仰呢？

---

③ 即瓣膜。——譯者

你說你覺得你不能過於大膽地去**探求和打算發現上帝的深不可測的目的**。如果你指的是上帝要隱蔽起來的或者是他不許我們探求的那些目的，這倒可能是對的；不過，不能指上帝擺在大家眼前的、大家毫不費力就能發現的以及令人由之而對它們的作者——上帝大加讚美的那些原因。

你也許要說，在我們每個人心裡的上帝的觀念已足夠使我們對上帝和他的神見有一個眞實的、全面的認識，用不著去探求上帝爲了什麼目的而創造萬物，用不著費心去考慮別的事情。不過大家並不都是生來就有那麼大的幸運，像你那樣與生俱來地有這種如此完滿、如此明白的上帝的觀念以致把他看得再明顯不過了。這就是爲什麼對上帝沒有賦予那麼大的一種光明而只能靠觀察作品而去認識和讚美它的作者的那些人，不能有絲毫嫌棄之心。除了這並不妨礙人們使用這種觀念之外，甚至這種觀念之得以完成起來都似乎是如此地有賴於對世界上的事物的觀察，以致，如果你願意說眞話的話，那麼，肯定的是，你對上帝的認識即使不是全部，至少是很大一部分是由這種觀察得來的。因爲，我請問你，假如從你被滲透到你的身體裡去的那時起你一直閉住眼睛、堵住耳朵，沒有使用其他任何外感官，因而對全部事物以及在你以外的一切都毫無所知，你這樣度過一生，只是在你自己裡邊沉思，只是在你自己裡邊把你自己的思想思來想去，假如是這樣的話，你想你的認識會走到什麼地方去呢？我請你告訴我們，不過請你說老實話，並且請你給我們樸樸實實地描寫一下你以爲你對上帝和對你自己會有的觀念是什麼樣子吧。

二、你後來提出來這樣的一個解決辦法：**不要把表現爲不完滿的造物看成爲一個隔離開來的整體，而要把它看成爲宇宙的部分，這樣它就完滿了**。這種對待法的確值得讚美；不過，在這裡的問題並不在於部分（眞正的一部分，或和全體來比較的一部分）的不完滿，而在於作爲本身是整體並且起著一種專門的、特殊的作用的不完滿；即使你把它聯繫到整體上來看，問題也仍然在於知道：假如宇宙的各部分都是完滿的，是否整個宇宙就眞的比現在（它的許多部分都是不完滿的）更完滿。因爲人們同樣可以說，一個國家，如果它的全體國民都是好人，就比它有一部分國民習慣不良更完善。

因此，當你不久以後說，**在某種意義上，宇宙的某幾個部分容易錯誤比起所有的部分都一樣，會有著更大的完滿性**，這無異於說：在某種意義上，國家的某幾個國民是壞的，比起所有的國民都是好的會有著更大的完滿性。由此可見，正如同一個好的國王只希望他的國民都是好的一樣，宇宙的作者的意圖和尊嚴也同樣應該是讓宇宙的所有部分都不錯誤。雖然你可以說，沒有錯誤的那些部分好像比有錯誤的那些部分更完滿，不過這是偶然才會發生的事；同樣，假如好人的德行在同壞人的對比之下以某種方式顯得出來，這也不過是偶然地顯得出來那麼多。在一個國裡既然不希望有壞人來使好人顯得更好一些，那麼同樣道理，在宇宙裡也好像不適於讓某些部分有錯誤來使沒有錯誤的部分更有光彩些。

你說假如**上帝在把你投入世界中時，沒有想把你放在最高貴、最完滿的造物的行列裡去，你也無權去埋怨**。然而這並不能解決這樣的一個問題，即他把你放到最不完滿的造物中間，而不是把你放在容易錯誤、受欺騙的造物的行列裡，難道這還不夠嗎？因爲同樣，雖然一個國王不把他的全體國民都提到最尊榮的爵位上去，而把其中某些人放在比較低級的職位上，把另外一些人放到更低的地位上，對於這樣的一個國王人們可以不去責罵他；但是假如他不僅是把有些人放在最壞、最低的職位上，而且讓有些人做下賤的行爲，那樣一來，他就是極其有罪，就不能不讓人責罵了。

你說：**實際上沒有任何理由能夠證明上帝本來應該給你一個比他已經給你的那個認識功能更大一些的認識功能；不管你把他想像爲多麼熟巧精練的工人，你也不能因此就認爲他本來應該把他可以給幾個作品的全部完滿性都放在每一個作品裡邊**。可是這樣絲毫答覆不了我的詰難，而且你看，問題不在於知道上帝爲什麼沒有給你一個更大的認識功能，而是在於要知道他爲什麼給了你一個容易錯誤的認識功能；問題不在於爲什麼一個十分完滿的工人不願意把他的藝術的全部完滿性都放在他的每一個作品裡邊去，而是在於爲什麼他甚至要在某些作品裡邊放上一些缺點。

你說：**雖然你用對於能夠落於你的思考中的一切事物的一種清楚、明白的知覺這樣的一種辦法仍然不能使你免於錯誤，但是你有能力用另外一種辦法使你免於錯誤，**

那就是下定決心，在事情的眞相沒有弄清楚以前無論如何不去下判斷。然而當你隨時都非常小心地去遵守這個原則時，對於我們要下判斷的事物卻認識得不清楚，不斷有弄錯的危險，這不終究是一種不完滿嗎？

你說：**錯誤在於運用上，這種運用是從你而來的，是一種缺陷，而不在於你從上帝接受來的功能上，也不在於從上帝而來的運用上。**我願意在被視爲直接來自上帝的那個功能裡沒有錯誤；可是，假如我們對那個功能再遠一點加以觀察，看到它是同能夠錯誤這一不完滿性同時被創造的話，那麼它還是有錯誤。因此，你說得很好：**你沒有理由埋怨上帝，他事實上從來沒欠過你什麼；反而你有理由感謝他，感謝他分給了你的一切財富。**不過總是有使人驚奇的東西，即爲什麼他沒有把更完滿的財富給了你，假如他知道，假如他能，假如他不因此而嫉妒你的話。

你接著說：**你也不應該埋怨上帝助長你做成了這個意志的行爲，即是說，做成了使你弄錯了的那些判斷，因爲這些行爲是依賴於上帝的，因此就是完全眞實的、絕對善良的；在某種意義上，你能夠做成這些行爲比你不能做成這些行爲，在你的本性上有著更多的完滿性。**至於缺陷**（錯誤和罪過的形式理由就在於缺陷），它不需要上帝方面的任何助長，因爲它不是一個東西，也不是一個存在，因爲假如把它聯繫到上帝上去，把上帝當作它的原因，那麼它就不能叫做缺陷，而應該叫做否定，按照學校中所給予這兩個辭的意義來說。**然而儘管這個定義相當細緻，卻不能令人完全滿意。因爲儘管上帝不助成存在於行爲裡邊的缺陷（這種缺陷正是人們稱之爲錯誤或虛假的那種東西），他卻助成了行爲；假如他不助成行爲，那就不會有缺陷。再說，他自己就是弄錯或發生錯誤的能力的作者，從而他就是一種無能力的能力；因此，看來存在於行爲中的缺陷不應該過於往能力上去牽扯，因爲能力本身是軟弱無力的，而應該牽扯到它的作者身上，作者既然能夠使它有能力，甚至使它超過需要地更加有能力，而他卻願意把它做成它現在那個樣子。的確，人們並不因爲一個鎖匠沒有做一把大鑰匙去開一個小匣子而責備這個鎖匠，而是責備他雖然做了一把小鑰匙，卻把這把鑰匙做得不合適以致開不開或很難開這個小匣子。同樣，實在說來，這不是上帝的過錯，如果說上帝願意給像人這樣懦弱的造物一種判斷能力，而他給他的這種能力沒有大到能夠足以理解一切，或理解大部分事物，或理解最崇高的東西，這倒不是他的過錯；而問題無疑地在於，令人驚奇的是，爲什麼在他想要交給人去判斷的那麼一點點事物裡面，幾乎沒有什麼是他所給予人的能力所不感到沒有辦法、猶疑不決和無能爲力的。

三、在這以後，你又追求**你的錯誤都是從什麼地方來的，它們的原因可能是什麼**。我先不和你爭辯爲什麼你把理智叫做「認識觀念的唯一功能」，即是說，它有不

[317] 加可否，單純領悟事物的能力，爲什麼你把意志或自由裁決（libre arbitre）④叫做「判斷的功能」，即是說，由它來肯定或否定，贊同或不贊同。我只問你，你爲什麼把理智限制在某些界限之內，而對於意志或對於隨便裁決的自由卻不給予任何限制。因爲，實在說來，這兩種功能的範圍似乎相等，或者至少理智似乎有著和意志同樣大的範圍；因爲假如不是理智事先已經預見到了，意志是不會趨向於任何事物的。

我說，理智至少有著同樣大的範圍，這是因爲它的範圍似乎比意志的範圍還大。這不僅由於，無論什麼東西，假如我們事先對它沒有領悟，它的觀念沒有被理智所理解和提出，那麼我們的意志或自由裁決就無所趨向，我們就不能加以任何判斷，因而我們就不能做任何選擇，對任何東西就不能有所愛、憎；同時也由於，我們模模糊糊地理解了許許多多的事物，而我們對這些事物並沒有加以任何判斷，也沒有任何鄙棄或希求的感情。甚至判斷的功能有時是如此地拿不准，以致藉以判斷的理由在兩方面的分量都一樣，或者兩方面都沒有理由，因而就沒有任何判斷，雖然理智理解了、領悟了這些事物，而這些事物因此就仍然不能確定。

---

④ Libre arbitre這個詞我國一般都按英文free will譯爲「自由意志」。根據上、下文，此處似乎應該按照這個詞的原義譯爲「自由裁決」。——譯者

還有，你說：**在你心裡的其他一切東西裡邊，你不知道有任何一個是這樣完滿、這樣廣大，雖然它還可以更大、更完滿，舉例來說，譬如知的功能，對於這種功能，你甚至能夠做成一個無限的觀念**。這明白地表示了，理智的領域並不比意志的領域小，因爲它可以擴大到一個無限的對象上去。至於你所承認的：**你的意志和上帝的意志相等，不是在領域上相等，而是形式地相等**，我請問你，你爲什麼對於理智不也可以這樣說，假如你像界說意志的形式概念一樣地界說理智的形式概念。

然而，爲了用一句話結束我們的爭辯，請你告訴我，什麼是意志能達到而理智不能達到的。假如沒有，那麼，看來是，**錯誤**，就如同你說的那樣，**不是由於意志的領域比理智的領域大，它要判斷的事物是理智所沒有理解到的**，而是由於兩種功能有著一樣大的領域，理智把某些事物理解得差了，意志就在這些事物上也做出一個壞的判斷來。這就是爲什麼我看不出來你一定要把意志擴展到理智的界線以外的道理，既然意志並不判斷理智所沒有理解到的事物，而意志判斷得不正確的事物，也正是因爲理智理解得差。

關於你推論各種事物的存在，你舉了例子來證明你的意見。這個例子談到對於你的存在的判斷這一點上，實在說來是非常好的；不過，談到別的事物時，似乎就很糟；因爲，無論你怎麼說，或者甚至可以說，無論你捏造什麼，千眞萬確的是：你既不懷疑也不能不斷定除了你之外還有某種別的東西存在，而且它和你不同，既然你已經非常清楚地理解到了在世界上不只你一個人。你假定說：**你沒有理由使你相信這一個而不相信另外一個**，沒錯，你可以這樣假定；不過你同時也應該假定這並不等於由此就可以說有任何判斷，應該假定意志總是停留在「無所謂」的情況，總是下不了任何判斷，一直到理智找到了這一方面的眞實性比另外一方面的眞實性更多時爲止。

從而你接著說：**這種「無所謂」的情況一直達到理智所不能領會得相當清楚、相當明顯的事物上去，以致不管你適於對某種事物進行判斷的那些猜測的可能性有多麼大，你所有的唯一知識，即這些不過是一些猜測，就足以使你有可能把事物判斷得恰好相反**。這話，我認爲是不對的。因爲，你有的知識，即這些不過是一些猜測，很可能使你的心靈爲猜測所左右，而所下的判斷將是不堅定、不牢靠的，但它絕不能使你把事物判斷得恰好相反，除非後來你的心靈有了不僅同樣可能，而且更有力、更顯明的猜測。你接著說，**你這幾天對這一點有過經驗，這幾天你把你以前當作非常眞確的一切事物都假定爲假的**。不過你要記得，你這句話並沒有得到過大家的贊同；因爲，說實在話，你並沒有能夠使你自己相信你從來沒有看見過太陽、沒有看見過地，也沒有看見過人，從來沒有聽見過聲音、沒有行走過、沒有吃過東西、沒有寫過字、沒有說過話，也沒有做過用身體來做的其他類似的行動。

由此可見，錯誤的形式不見得像你所認爲的那樣，是在於自由裁決運用得壞了，而是在於在判斷和被判斷的事物之間的關係太少的緣故，這是由於理智所理解的和事物本身不一樣所致。這就是爲什麼，錯誤不是來自自由裁決方面，由於它判斷得壞；而是來自理智方面，由於它理解得不好。因此可以說自由裁決對於理智是這樣的一種依存關係，即假如理智把某一事物理解得或認爲是理解得清楚，自由裁決就會把判斷下得堅定、確切，無論這個判斷在實際上是正確的也罷，或者它被認爲是如此的也罷；但是，假如它把事物理解得很模糊，自由裁決就會把判斷下得猶豫、不確定，不過帶有這種信念，即它更可能是對的，而不會是它的反面，即使這個判斷可能與事實相符合，也可能與事實不相符合。由此可見，問題並不怎麼在於我們是否有能力阻止我們自己犯錯誤，而是更在於我們是否有能力阻止我們自己堅持錯誤；而爲了檢查和改正我們自己的判斷，不怎麼需要我們強行使用我們的自由裁決，而是我們必須把我們的心靈運用到更清楚的認識上去，有了更清楚地認識，隨之而來的就一定會是一種更好的、更可靠的判斷。

四、在結論裡你誇大了你所能夠從這一「沉思」裡得出的成果，同時你預先規定了你要達到眞理的認識的做法，你說：**如果你對你理解得非常完滿的一切東西都加以足夠的注意，如果你把它們從你理解得模糊不清的東西裡邊分別出來，你就將萬無一失地達到眞理的認識**。這不僅是眞的，而且事實也是如此，即前一個「沉思」（即使沒有它，這也能夠理解）整篇似乎就是無用的、多餘的了。不過，請你注意，爲了不致弄錯起見，問題不在於知道是否應該把事物理解得清清楚楚、明明白白，而是在於知道怎麼，用什麼方法，才能認出我們有一個如此清楚、明白的智慧，使我們可以確信它是眞的，使我們不可能弄錯。因爲你將會注意到，自一開始我們就反駁你說甚至在我們覺得我們對一個事物認識得如此清楚、如此明白，以致我們不能想我們還能認識得更清楚、更明白的時候，我們也經常會弄錯。你自己也做過這個反駁，不過我還是在期待這個藝術，或者這個方法，我以爲你主要地應該在這方面下工夫。

對「沉思五」的詰難

關於物質的東西的本質以及上帝的存在

一、你首先說：**你清清楚楚地想像了量，即是說，有著長、寬、厚的廣延，以及數目、形狀、位置、運動和綿延。**在你說其觀念在你的心裡的所有這些東西裡邊，你提出形狀；在形狀裡邊你提出直線三角形，關於這個三角形，你是這樣說的：**即使在我思想之外也許世界上沒有任何地方能有這樣的一種形狀，也許從來也不曾有過這樣的一種形狀，但畢竟這個形狀的某一種確定的性質、或形式、或本質還是有的，這種性質、或形式，或本質是不變的、永恆的，它不是我捏造的，它也絕不依賴於我的心靈；既然人們可以論證出這個三角形的各種特性，譬如它的三角之和等於二直角，最大的角對最大的邊，以及諸如此類的東西，那麼這些東西，不管我現在願意不願意，我認識得非常清楚、非常明顯都是在三角形之中的，雖然當我第一次想像一個三角形的時候我絕對沒有想到過；因而不能說這是我捏造的。**這就是你關於物質的東西的本質所說的一切；因爲你後來增加上的一點點東西，歸根到底也不過如此。因此我不想在這方面提什麼問題。

我提出的只是，除了至高無上的上帝的本性以外，似乎很難再建立什麼不變的、永恆的本性了。你也許要說，你所說的不過是在學校裡每天所講授的，即：事物的本性或本質是永恆的，人們對事物的本性或本質所做的命題也是一種永恆的眞理。不過就連這個也非常勉強，難以令人置信；再說，沒有人而說有人的本性，或者甚至連玫瑰都還沒有而說玫瑰是一種花，這怎麼去理解呢？

我知道他們是說，談事物的本質是一回事，談它們的存在是另一回事，並且他們都一致認爲事物的存在並不是完全永恆的，不過他們卻想要讓事物的本質是永恆的。然而，如果眞是這樣，事物裡邊主要的東西是本質這件事既然也是肯定的，那麼當上帝生產存在時，他做了什麼了不起的事呢？的確，他所做的並不比一個縫衣匠給人縫了一件衣服做得更多。可是他們將如何證明人的本質（比如說柏拉圖（Plato）的本質）是永恆的、不依賴於上帝的呢？他們將說，以它作爲共相的這一點來證明。但是在柏拉圖裡邊只有個別的東西；事實上，理智慣於從柏拉圖身上、從蘇格拉底身上，以及從其他一切人身上所看到的一切相同的性質中，做成一個共同的概念，在這個共同概念上他們大家都一致，因此這個概念非常可以被叫做人的一種共相的本性，或人的本質，因爲人們理解它是一般地符合於大家的。但是，要說在柏拉圖以及其他一切人存在以前它就已經是共相的，理智就已經做成了這種共相的抽象，這的確是不可解釋的。

你將說，怎麼啦！難道**人是動物**這個命題甚至在任何人存在之前，不也是眞實的嗎？從而它不是完全永恆的嗎？對於我來說，我坦白地向你說，我並沒有理解它在任何人存在之前是眞實的，除非是在這種意義上，即只要一有人，他就必然地是動物。

因爲，實際上，雖然人是①和人是動物這兩個命題之間似乎是有區別的，即在第一個命題上特別著重存在，在第二個命題上特別著重本質，但是，肯定的是：在第一個命題裡並沒有排除本質，而在第二個命題裡也沒有排除存在；因爲，當我們說人是或人存在時，我們指的是動物的人；當我們說人是動物時，我們指的是人，當他是存在的時候。再說，人是動物這個命題比起柏拉圖是人這個命題來既然並不是一個更有必然性的眞理，因而柏拉圖是人這個命題也應該是一個永恆的眞理，並且在不依賴於上帝這一點上，柏拉圖的個別的本質也應該並不比人的共相的本質差；其他的事情也是如此，一一列舉起來就太麻煩了。不過我還要補充一點：當我們說人的本性使其不可能不是動物時，不要因此就想像這個本性是一個什麼實在的或存在於理智之外的東西，而只是說，一個東西如果是人，它就一定和另外一些由於彼此之間的相似性而被我們稱之爲「人」的東西相似。這種相似，我說它是個別本性的相似，在這種相似上面，理智做成了一個共同本性的概念、或觀念、或形式，凡是必須成爲人的東西都不能沒有它。 [322]

這樣地解釋了以後，對於你的三角形或它的本性，我也是這樣說；因爲，沒錯，

① 即「人存在」。——譯者

你在心靈裡邊的三角形是如同一個尺子一樣，你用它來檢查，看看某種東西是否應該用三角形這個名稱來稱呼。但是不要因此就以爲這個三角形是什麼實在的東西或者是在理智以外的一個眞實的、存在的東西，因爲這完全是心靈根據感官使它知覺到的一些物質的三角形的模樣做成的，心靈把這些模樣的觀念湊集起來，按照我剛才解釋關於人的本性那種方式做成的一個共同的觀念。

因此對於人們論證爲屬於物質的三角形的那些特點，也不要因爲它們對這些三角形都合適就想像它們是從那個理想的、共相的三角形搬過來的；因爲，恰恰相反，本身眞正具有那些特點的是那些物質的三角形，而不是那個理想的、共相的三角形；除非在這樣的情況下，即理智認出了這兩種特點是在物質的三角形之內，然後把它們給了那個理想的、共相的三角形，而爲了使它們注意這種情況，後來又在遇到論證的時候把它們歸還到物質的三角形上去。同樣，人類本性的特點不是從這個共相的本性搬過來而存在於柏拉圖或蘇格拉底身上的；因爲，恰恰相反，這個共相的本性之具有這些特點只是由於理智在柏拉圖身上、在蘇格拉底身上，以及在其他一切人身上認出了這些特點之後把這些特點加到共相的本性上去的；只有在需要做一個論據時，爲了使他們注意這些特點，才把它們歸還到他們中間的每一個人身上去。因爲，非常明白而且眾所周知的是：理智是在看到了柏拉圖、蘇格拉底以及其他很多人都有理性之後才做了**一切人都有理性**這個命題的；當它以後想要證明柏拉圖有理性時才把它拿過來作爲他的三段論法的前提。

沒錯，心靈啊！你說：**你在你心裡有三角形的觀念，而且即使你在物體裡邊從來沒有看見過任何有三個角的形狀，你在你心裡也仍然會有三角形的觀念；同樣，你在你心裡有許多從未落於你的感官的其他形狀的觀念。**但是，我不久以前說過，假如你一切的感官作用都沒有了，以致你什麼都沒有看見過，物體的什麼表面或尖端都沒有摸到過，你想你能夠在你心裡做出三角形的觀念或其他任何形狀的觀念來嗎？你說你現在有許多從未落於你的感官的形狀的觀念。這一點我同意，這一點對你來說也並不難，因爲根據你的感官曾經接觸過的那些形狀的模樣，你能夠按照我以前所解釋過的那種方式做出和組成無限多的其他形狀。

除此之外，在這裡應該談談三角形的那種假的、虛構的本性，根據那種本性，人們假定爲三角形是由沒有寬度的線所組成，它包含一個沒有厚的面積，它終止在沒有部分的三個尖端上。但這未免離題太遠了。

二、在這以後，你接著再一次證明上帝的存在，其主要的論據在於以下這幾句話：你說：**誰如果在這上面認眞地去想，誰就會看出，顯然，和一個直線三角形的本質之不能同三角形的三角之和等於二直角分開，或一個山溝的觀念之不能同一座山的觀念分開一樣，上帝的存在性也不能同上帝的本質分開；因此，理解一個沒有山溝的山，和理解一個上帝（即是說，一個至高無上完滿的有）卻缺少存在性（即是說，缺**

少某種完滿性），這是同樣不妥當的。在這裡應該注意的是，你的比較似乎是既不夠正確，也不夠恰當。因爲，一方面，你做得很對，拿本質來比本質；但是在這以後，你不是拿存在性來比存在性，或拿特點來比特點，而是拿存在性來比特點。因此，似乎應該說，要麼，和（比如說）三角形的三角之和等於二直角之不能同三角形的本質分開一樣，上帝的全能也不能同上帝的本質分開；要麼，和三角形的存在性之不能同三角形的本質分開一樣，上帝的存在性也不能同上帝的本質分開；因爲這樣一來，這兩個比較都會很好了，而且不僅可以同意你前面的一個比較，同時也可以同意你後面一個比較。不過，對於一個上帝之必然存在來說，這可並不見得是一個有說服力的證明；同樣也並不能必然地由此得出結論來說世界上有三角形，雖然它的本質實際上是和它的存在性分不開的，不管我們的心靈把它們怎樣地區分，即是說，雖然它把它們分開來理解，就如同它也可以把上帝的本質和他的存在性分開來理解一樣。

接著要注意到，你把存在性算做上帝的完滿性之一，而不把它算做一個三角形或一座山的完滿性之一，雖然根據各自的情況來說，它對於這一個和那一個都同樣是完滿性。不過，實在說來，不管你在上帝裡邊觀察存在性也罷，或者是在別的事物上觀察它也罷，它並不是一個完滿性，而僅僅是一種形式，或一種現實，沒有它就不能有完滿性。事實上，不存在的事物既沒有完滿性，也沒有不完滿性；而存在的事物，它除去存在性之外還有許多完滿性，它並不把存在性當作特殊的完滿性，不把它當作完

[325]

滿性之一，而僅僅把它當作一種形式或一種現實，有了它，事物本身和它的一些完滿性就存在，沒有它，就既沒有事物，也沒有它的那些完滿性。因而一方面不能說存在性在一個事物裡邊是一種完滿性，另一方面，假如一個事物缺少存在性，也不能說它不完滿，或缺少某種完滿性，只能說它沒有，或者說它什麼都不是。這就是爲什麼，在你舉三角形的完滿性時，你並不把存在性包括進去，也不需要經由它而得出結論說三角形存在，同樣，在你列舉上帝的完滿性時，你也不應該把存在性包括進去以便由之而得出結論說上帝存在，假如你不是想要把有爭辯的東西當作已經證明了的東西，並且把問題當作前提的話。

你說：**在其他一切事物裡，存在性是和本質有分別的，只有在上帝裡除外**。但是，請問，柏拉圖的存在性和本質，除非是用思想，它們怎麼能分別得開呢？因爲，假定柏拉圖不存在，他的本質又將如何呢？而同樣情況，在上帝裡邊的存在性和本質不是用思想分別開的嗎？

你接著給你自己做了這樣的一個反駁：**也許是這樣的；和不能僅僅由於我理解一個帶有一個山溝的山，或者一個帶翅膀的馬，就說在世界上有山和有帶翅膀的馬一**

樣，也不能由於我把上帝理解爲存在，就說他存在；②並且在這上面，你說這個反駁的外表下掩蓋著一種詭辯。但是你並沒有費很大事就解決了你自己裝扮的那種詭辯，你主要是使用了揭露如此明顯的一種矛盾的辦法，即：存在的上帝並不存在，而你對於馬或山卻不採用同樣的辦法，即是說，你不把它們當作存在的東西。但是，假如你像在你的比較裡把山溝包含在山裡，把翅膀包含在馬裡一樣，把上帝和知、能以及其他屬性連結在一起去觀察的話，那麼問題就完全出來了，那就要由你來向我們解釋你怎麼能夠理解一個有斜坡的山或一個帶翅膀的馬而不想到它們存在，而在理解一個全知、全能的上帝時就不能不同時想到他存在。

你說：**我們有自由去想像一個馬沒有翅膀或帶有翅膀，但是我們沒有自由去理解一個上帝而沒有存在性，也就是說，一個至上完滿的有而沒有至上完滿性。**這倒沒有什麼話可說了；不過，既然我們有自由去理解一個馬帶有翅膀而不想到存在性，而假

[326]

② 笛卡兒「沉思五」中的原文是這樣的：「但是，雖然事實上我不能理解一個沒有山溝的山，同樣，我也不能理解一個沒有存在性的上帝，不過，也不能僅僅由於我理解一個帶有山溝的山，就說在世界上有山，同樣，雖然我理解帶有存在性的上帝，我覺得也不能因此就說上帝存在；因爲我的思想並不能給事物強加以任何必然性；而且，既然是由於想像出來一個帶有翅膀的馬，雖然並沒有任何馬帶有翅膀，同樣，我也許能夠給上帝加上存在性，雖然並沒有任何上帝存在。」——譯者

如它一旦有了存在性，那麼按照你的說法，那就將是在它裡邊的一種完滿性了；同樣，我們有自由去理解一個上帝，在他裡邊有知、能以及其他一切完滿性，而不想到存在性，而假如他一旦有了存在性，到那時他的完滿性才算完成。因此，既然從我之理解一個馬帶有翅膀這一完滿性這件事上不能推論出它有存在性（按照你的說法，存在性是一切完滿性中最主要的），同樣，從我之理解一個上帝具有知以及其他一切完滿性這件事上也不能得出結論說他存在，而是他的存在性尚有待於證明。

雖然你說過**在一個至上完滿的有的觀念裡，存在性和其他一切完滿性是都包括在內的**，但你是沒有證據地肯定了成問題的東西，是把結果當成前提了。因爲另外我可以這樣說：在一個完滿的佩伽斯（Pegase）③的觀念裡，不僅包含了帶有翅膀的完滿性，而且也包含了存在性這一完滿性；因爲，既然上帝被理解爲在一切完滿性上的完滿，那麼同樣，一個佩伽斯也被理解爲在它那一類上的完滿；而且這個對比如果保持住的話，那麼看來就不能硬說它不能在兩者的身上都應用得上。

你說：**在理解一個三角形的時候，不一定想到它的三角之和等於二直角，雖然這**

③ 佩伽斯（Pegase），希臘神話中飛馬的名字。它是宙斯的兒子培爾塞的坐騎，曾於一怒之下踢出一個「靈感之泉」，詩人後來就從這個泉中汲取靈感。——譯者

同樣是眞實的，因爲任何人只要以後仔細研究一下，就會看出它是這樣的；同樣，人們很可以理解到上帝的其他一些完滿性而不想到存在性，但是不能因此就說他不是眞的具有存在性，既然人們不得不承認存在是一種完滿性。不過，你非常可以判斷出人們能夠回答什麼，即：既然人們以後承認這一特點是在三角形裡，因爲人們用一種很好的論證證明了這一點，那麼同樣，爲了承認存在性必然地在上帝之中，也必須用很好的、堅實的道理來論證它；因爲否則就沒有什麼東西是人們不能說成或認爲是任何別的東西的本質了。

你說：**當你把一切種類的完滿性都歸給上帝的時候，你並不是像假如你想一切四方形都能內切於圓那樣做。你在那一方面弄錯了，因爲你後來知道菱形就不能內切於圓，可是你在這方面並沒有同樣弄錯，因爲後來你認識到存在性是實際上適合於上帝的。**然而的確似乎是你也同樣弄錯了；要不然，假如說你沒有弄錯，那麼你就必須像人們指出菱形能夠內切於圓是矛盾的那樣，指出存在性是和上帝的本性不相矛盾的。

我對其他許多東西就不說了，那些東西不是需要進一步地加以解釋，就是需要給以更有說服力的證明，要不就是和以前說過的互相抵觸，例如：**除了上帝以外，我們不能理解有任何其存在性是必然地屬於其本質的東西；**然後，**不可能理解同樣的兩個或許多上帝；而既然現在只有一個上帝存在，那麼必然地是他以前是完全永恆地存在了，將來也永恆地存在著；**並且你**在上帝裡邊**理解了**無限多的東西，這些東西你既不**

能減少一點，也不能改變一點；最後，這些東西必須就近加以觀察，必須非常仔細地加以檢查，以便知覺它們，並且認識它們的眞實性。

三、最後你說全部科學的可靠性和眞實性絕對有賴於對眞實上帝的認識，沒有這種認識，在各種科學裡邊就永遠不可能有任何確定性或眞理。你舉了下面這個例子，你說：當我考察三角形的性質的時候，我顯然知道（我在幾何學方面有些內行）三角形的三角之和等於二直角，當我把我的思想運用到論證它的時候，我不可能不相信這一點；但只要我的注意力稍一離開論證，雖然我記得我是清清楚楚地理解了它的三角之和等於二直角，但是很可能我會懷疑它的眞實性，假如我不知道有一個上帝的話；因爲我可以使我自己相信大自然使我生來就很容易能夠在即使我以爲理解得最顯明、最確定的東西上弄錯；主要因爲我記得經常把很多事物認爲是眞實的、確定的，而在以後，又有別的道理使我把這些事物判斷爲絕對錯誤。但是當我知道了有一個上帝之後，因爲同時我也知道了一切事物都有賴於他，而他並不是騙子，從而我斷定凡是我理解得清清楚楚、明明白白的事物都不能不是眞的，雖然我不再去想我是根據什麼道理把一件事物斷定爲眞實的，只要我記得我是把它清清楚楚、明明白白地理解了，人們就不能給我提供任何相反的道理使我再去懷疑它；這樣我對這個事物就有了一種眞實的、確定的知識；而這個知識也就擴展到我記得以前曾經論證過的其他一切事物上去，譬如幾何學的眞理以及其他類似的東西。先生，看到你談得這樣認眞，並且相信你說的都是老實話，我看我再也沒有別的話可說了；除非一點，那就是你很難找到什麼人相信你以前不相信幾何學論證的眞理，而現在你由於認識了一個上帝才相信了。因爲，事實上，這些論證是非常明顯、確定的，它們本身無需有待於我們的思慮就會得到我們贊同的；而當它們一經被理解，它們就不容許我們的心靈對它應有的信念再持猶疑不定的態度，因爲，同樣情況，我認爲你既然有理由在這一點上不去害怕那個不斷企圖捉弄你的惡魔的狡詐，你也同樣有理由使你如此堅定地認爲你不可能在我思故我在這個前提和結論上弄錯，雖然那時你對上帝的存在還不肯定。同時，即使事實上不能比這再眞實的了，的確眞有一個上帝，他是萬物的造主，而且他不是騙子，不過，由於它好像不如幾何學的論證那樣明顯（關於這一點，只要這一個證據就足夠了，即很多人並不相信上帝的存在、世界的創造以及談到上帝的其他許許多多東西，然而沒有一個人懷疑幾何學的論證），有誰相信幾何學的論證的明顯性和確定性要從對上帝的證明中得來呢？有誰相信迪亞果臘（Diagore）、太奧多臘（Théodore）以及其他一切類似的無神論者們不能確信這些種類的論證的眞理呢？最後，你到什麼地方去找到這樣的人，當你問他爲什麼確信一切正角三角形底邊的正方形等於其他兩邊正方形之和的時候，他回答說他之確信這條道理是因爲他知道有一個上帝，這個上帝不是騙子，他本身是這一眞理的創造者以及世界上一切事物的創造者？或者，相反地，你到什麼地方去找到這樣的人，他回答說他之確信這條道理不是因爲他的的確確

[329]

知道這一點，他不是從絕無錯誤的論證使他非常相信這一點？尤其是，可以認爲畢達哥拉斯（Pythagoras）、柏拉圖、阿基米德（Archimedes）、歐幾里得（Euclid）以及其他一切古代數學家都會做出這樣的回答，我覺得他們之中沒有一個人會提出來上帝以確認像這樣的一些論證的眞理的！不過，因爲這話也許你不是對別人說的，而只是對你自己說的，再說，也因爲這是一件可讚仰的、虔誠的事，那麼就不必再多說了。

對「沉思六」的詰難

關於物質的東西的存在，以及人的心靈和肉體的實在區別

一、你說：**物質的東西，就其被視爲純粹數學的對象來說，是能夠存在的。**關於這一點，我不想在這裡多說，雖然物質的東西是組合數學的對象，而純粹數學的對象，例如點、線、面以及由點、線、面組成的不可分割的東西，不能有任何實際的存在性。我只就你再一次在這裡把想像從理智或純概念裡區分出來這一點來說；因爲，我以前曾說過，這兩個東西似乎是同一種功能的兩種行動，而假如它們之間有什麼區別的話，那只能是多一點和少一點的問題；事實上，請你注意我是怎麼用你所提出的話來證明它的。

你前面說過，想像不是別的，只是思考一個有形體的東西的形狀或影像；而在這裡你認爲理解或領悟就是去思考一個三角形、一個五角形、一個千角形、一個萬角形以及諸如此類的其他一些有形體的東西的形狀；現在你把它們做了這樣的區別，你說想像是能知官能對物體的某種用心，而理智不要求這種用心或精神專注。因此，當你單是毫不費力地把一個三角形理解爲有三個角的形狀時，你把這叫做理智；當你用某種努力和專注，把這個形狀呈現出來，觀察它、檢查它，把它理解得清清楚楚、細細緻致，分別出三個角來時，你把這叫做想像。從而，既然你眞是非常容易地理解到一個千角形是一個有一千個角的形狀，而不管你用了多麼大的精神專注都不能把所有這些角都清清楚楚、細細緻致地分辨出來，不能把它們都呈現出來，在這方面你的心靈的模糊的情況並不比你觀察一個萬角形或一個有很多邊的其他形狀時輕一些，因此，

[330]

你說在千角形或萬角形上，你的思想是一種理智而不是一種想像。

雖然如此，我看不出有什麼能阻止你把你的想像以及你的理智伸展到千角形上去，就如同你對於三角形所做的那樣。因爲，你的確做了某種努力以某種方式去想像那麼多的角組成的這種形狀，雖然它們的數目多到使你沒有辦法理解得清楚；再說，你的確用千角形這個字理解了一個有著一千個角的形狀，但是這不過是這個字的力量或意義的一種結果，並非由於你是**理解**而不是**想像**這個形狀的一千個角。

但是在這裡必須注意，清楚的程度之消退和模糊的程度之增長是如何循序漸進的。因爲，肯定的是，你對一個正方形比對一個三角形將呈現，或者想像，或者甚至理解得更模糊些，但是比對一個五角形更清楚些，而對五角形又比對正方形更模糊些，比對六角形更清楚些，如此類推，一直到你再也不能清清楚楚地提出什麼東西來時爲止；因爲到那時，不管你有什麼樣的概念，那個概念既不能是清楚的，也不能是明晰的，到那時，你在心靈上也就不再想去做任何努力了。

因此，如果當你清清楚楚地、比較專注地理解一個形狀時，你願意把這種理解方式叫做想像同時也叫做理智；而如果當你的概念模糊，當你用很少的精神專注或毫無精神專注地理解一個形狀時，你願意只用理智這一名稱來稱呼它，當然你這樣做是可以的；但是你沒有理由因此建立一種上面所說的那種內在認識，因爲，你把某一種形狀理解得有時更強烈些，有時不那麼強烈，有時理解得清楚些，有時模糊些，這對於這種內在認識不過是一件偶然的事。的確，如果從七角形和八角形起，我們願意達到其他一切形狀一直到千角形或萬角形，同時如果我們願意留心最清楚和最模糊之間的每一個等級的話，我們能夠說得出到什麼地方或到哪一個形狀上想像就停止了而只剩了理智嗎？難道我們不是將看到一個同一的認識的一種連續不斷的過程，隨著這一認識的模糊的程度和疏忽的程度不知不覺地增加和增長而它的清楚的程度和專注的程度也逐漸減少嗎？還有，我請你觀察一下，你如何貶低了理智，並且把想像抬高到何種程度；因爲，當你把忽略和模糊給予理智而把各種清楚、明晰、勤奮都歸之於想像時，你不是想貶低一個、抬高一個，還會是什麼呢？

你後來說：**在你裡邊的想像能力，就其不同於理解的能力來說，對你的本質（也就是說，對你的心靈的本質）並不是必不可少的**。然而，如果二者只是一個同一的能力或功能，其功用的不同只在於一個多一點，另一個少一點，這怎麼可能呢？你接著說，心靈在想像時轉向物體，而在理解時觀察自己或自己心裡的觀念。但是，心靈如果不是同時轉向什麼有形體的東西或什麼由有形體的觀念所表象的東西，怎麼能轉向自己、觀察任何觀念呢？因爲，事實上，三角形、五角形、千角形、萬角形以及其他一切形狀，或者甚至所有這些形狀的觀念，都是有形體的，心靈只有把它們理解爲有形體，或者按照有形體的東西的方式來理解時才能夠思維它們。至於我們認爲是非物質性的東西的觀念，例如上帝、天使、人的靈魂或心靈等的觀念，的確，我們心裡所有的這些東西的觀念都或者是有形體的，或者差不多是有形體的，它們都是從人的形象和其他一些非常簡單、非常輕以及非常不容易知覺的東西（例如風、火或空氣）的形象抽出來的，就像我們所說過的那樣。至於你說的，**你猜測有什麼物體存在著，這不過是可能的事**，對於這句話，用不著多說，因爲你這句話不可能是老老實實說的。

二、這以後你談到感覺，你首先列舉了你通過感官所認識的和你當作眞實的而接受下來的一切事物，因爲大自然似乎是那麼教導你的。緊接著你又談到某些經驗，這些經驗把你對於感官的信仰全部推翻了，以致把你弄到我們在「沉思一」裡所看到的那個地步，即懷疑一切事物。

然而，我並不打算在這裡爭論我們的感官的眞實性。因爲，錯誤或虛假倒不是在感官裡，感官並不主動，它只是接受影像，只是按照影像對它表現的那樣，按照影像由於當時感官、對象、環境等情況而必然地應該對它表現的那樣把它們提供出來。錯誤或虛假是在判斷裡，或是在心靈裡；判斷或心靈沒有給予應有的周密細緻對待，沒有注意到離得遠的東西只是由於離得遠或由於別的原因，而應該比它們離我們較近時顯得小和模糊；在別的情況下也是這樣。雖然如此，不過，不管錯誤來自何處，必須承認有錯誤；問題只在於是否眞的我們永遠不能確信感官使我們知覺的任何事物的眞實性。

然而，的確我看不出應該費很大力氣來解決一個由日常那麼多的例子決定得那麼明白的問題；我只回答你所說的，或不如說，你所反駁的問題：千眞萬確的是，當我們在近處觀看一座塔，我們差不多可以用手摸到它的時候，我們不再懷疑它是方的，雖然當我們離開稍遠時，我們曾經以爲它是圓的，或至少曾經懷疑它究竟是方的還是圓的，或者是其他什麼形狀的。

同樣，在手或腳割去了以後，還會感覺到手疼或腳疼，這種感覺有時就欺騙了把手或腳割去了的人，這是由於動物性的精氣的緣故，這些精氣以前慣於被帶到這些肢體裡面，在那裡引起感覺。不過，四肢健全的人在手上或腳上新近受了傷時，千眞萬確地感覺到手上或腳上疼痛，不可能有所懷疑。

同樣，我們不是在醒著就是在睡著，的確在睡著的時候我們有時就受欺騙，那時我們覺得好像看見了一些東西，而實際上並沒有看見；但是我們也並不總是做夢；當我們眞的醒著時，我們就非常有把握，絕不再去懷疑究竟我們是醒著還是在做夢。

同樣，雖然我們可以認爲天性使我們能夠在我們覺得是最眞實的事物上弄錯，但是我們也知道天性使我們能夠認識眞理，我們雖然有時弄錯，譬如當一種詭辯把我們迷惑住了，或當我們看見一根棍子一半插在水裡時；但有時我們也認識眞理，譬如在幾何學的論證裡邊，或在一根棍子在水外面的時候；因爲這些眞理太顯明了，不可能讓我們能夠有所懷疑；即使我們能夠不信任我們其他一切知識的眞實性，但至少我們不能懷疑這一點，即：一切事物給我們表現得就像它們給我們表現的那樣，而且它們那樣地表現給我們也不可能不是非常眞實的。並且雖然自然似乎給我們呈現出許多爲理性所告訴我們不要去相信的事物，但這並不能去掉現象的眞實性，並不能使這件事不是眞的，即我們把事物看成我們所看見的那樣。不過，在這裡不是去觀察理性和感官的刺激怎樣矛盾，以及是否也許像左手沒有自持之力而用右手托住它那樣，或者像什麼別的樣子。

三、你隨後就進到問題裡面來了，但是你好像僅僅輕微地接觸了一下；因爲你接著這樣說：**但是現在既然我開始更好地認識我自己，開始更清楚地發現我的來源的創造者，事實上我就不認爲我應該糊裡糊塗地接受感官好像教導我的一切事物，不過我也不認爲我應該一概地把什麼都拿來懷疑。**你這話說得有道理，我想毫無疑問，你的思想一向是建築在這個基礎上的。

你繼續說：**首先，由於我知道我所清清楚楚、明明白白理解的一切東西，可能就是被上帝像我所理解它們的那個樣子產生的，這就足以使我能夠清清楚楚、明明白白地把一個東西同別的東西分開來理解，以便確信這一個同那一個有分別或不同，因爲它們可以分開放置，至少可以由上帝的全能來分開放置；而這種分別是由什麼力量做的以便迫使我把它們斷定爲不同，這倒沒有關係。**對此我沒有什麼別的話可說，只有一點：你是用一個模糊的東西來證明一個清楚的東西，更不要說你所得出的結論中有某種模糊不清的東西。我也不去反駁你：必須事先論證了上帝存在以及他的能力能夠

[335]

達到哪些東西上去，然後再來指出他能做出你所能夠清清楚楚地理解的一切東西。我僅僅問你是否清清楚楚、明明白白地把三角形的這個特性，即最大的角對最大的邊，同另外的一個特性，即三角之和等於二直角，分開來理解；是否你因此就相信上帝能夠把這個特性同另外的一個特性分開，使三角形能夠有時有這個特性而沒有那個特性，有時有那個特性而沒有這個特性。但是，爲了使我們不要在這上面談得太多，也因爲這個分別對於我們的問題關係不大，你接著說：**從而，就是由於我確實知道我存在，而在必然屬於我的本性或本質的東西裡邊，除了我是一個在思想的東西以外我卻看不出還有什麼別的，就是由於這一事實我就足以得出這個結論：我的本質就在於我是一個在思想的東西，或者就在於我是一個其本質或本性只是思想的實體。**就是在這裡我想要停一下；不過在這上面只要重複一下我關於「沉思二」所說過的話就夠了，要不然就等一等看看你想怎麼論證。

這就是你得出來的結論：**而且雖然也許，或者不如說的確，像我即將要說的那樣，我有一個肉體**①**，我和它非常緊密地連結在一起；但是，由於一方面我對我自己有一個清楚、明白的觀念，即我只是一個在思想的東西而沒有廣延，而另一方**

---

① 法文（英文也是如此）「物體」、「形體」、「身體」、「肉體」都是一個字。——譯者

面，我對於肉體有一個明白的觀念，即它只是一個有廣延的東西而不能思想，因此肯定的是：我，也就是說我的心靈，或者是我的靈魂，也就是說我之所以爲我的那個東西，是完全地、眞正地與我的肉體有分別的，它可以沒有肉體而存在。這無疑地是你想要達到的目的。既然全部問題主要在於此，因此就有必要在這裡停一下，看看你怎麼去解決。首先，這裡的問題在於區別人的心靈或靈魂和物體②；但是你是指什麼物體說的呢？當然，假如我理解得不錯的話，那就是由肢體組成的粗實的肉體；因爲，你的話是這樣說的：**我有一個肉體，我和它是連結在一起的**；不久以後你又說：**肯定的是：我，也就是說我的心靈，是與我的肉體有分別的**；等等。但是，心靈啊！我請你注意，問題可是並不在於粗實的肉體上。我最好是按照某些哲學家的想法那樣來反駁你是像希臘人叫做ἐντελέχεια——現實、形式、種類，以及用普通的話來說，身體的樣式的那種完滿性；因爲，的確，有著這種想法的人是不能認爲你同肉體比形狀或別的什麼同它的樣式更能分別開來或分得開的；不管你是人的全部靈魂也罷，或者你是像希臘人稱之爲νοῦς δυνάμει，νοῦς παθητικὸς——潛能理智或被動理智那樣的一種外加的能力或力量也罷。但是

②同註①。

[336]

我願意更自由一些地對待你，把你看作是能動理智，希臘人叫做νοῦς ποιητικὸν；甚至把你看作是可以分得開的，希臘人叫做χωριστὸν；雖然這不是他們所想像那樣的分開。因爲，既然這些哲學家以爲這個能動理智是世界上所有的人甚至所有的事物都有的，它作用於潛能理智，使潛能理智去知，就如同光作用於眼睛，使眼睛去看一樣（由此他們習慣於把能動理智比做太陽的光，因而把它視爲外來的，來自外邊的東西）；因此我呢，我就寧願把你看作（而且我看得出你很喜歡這樣）是個心靈，或者是一種特殊理智，你在肉體裡面統治著。我再說一遍，問題不在於知道是否你可以同這個粗實的肉體分得開，因此我不久前曾說過，沒有必要借助於上帝的能力來使你分開理解的那些事物分得開，而是在於知道是否你自己不是什麼別的物體，因爲你可以是一個更精細、更稀疏而滲透到這個粗實的肉體裡面去，或者僅僅住在它的某一部分裡面的一種物體。再說，不要以爲一直到現在你已經給我們指出來了你是一個純精神的東西，一點物體的東西都沒有；而當你在「沉思二」裡邊說，**你不是風、火、氣體、空氣**的時候，你應該記得我曾經向你提醒過，你說這話一點根據都沒有。

你也說過，**你在那個地方不去爭辯這些東西**；可是我沒有看見你後來談過這件事，沒有看見你提出過任何理由來證明你不是這類性質的物體。我一直等待你在這裡來做這件事；可是，假如說你說了或證明了什麼東西的話，那只是說你不是這種粗實的物體，對於這一點，我已經說過是沒有問題的。

四、你說：**但是，由於一方面我對我自己有一個清楚、明白的觀念，即我只是一個在思想的東西而沒有廣延；而另一方面，我對於肉體有一個明白的觀念，即它只是一個有廣延的東西而不能思想**。然而，首先，關於肉體的觀念，我覺得是用不著費很多力氣的；因爲，假如你是就一般的物體的觀念說的，我就不得不在這裡重複我已經反駁過你的那些話，即你應該事先證明思想與物體的本質或本性是不能相容的；這樣一來，我們就又陷於我們的第一個困難中去了，因爲問題在於知道是否你，在思想的你，不是一種精細的、稀疏的物體，既然思想這種東西是與物體的本性不相容的。但是因爲當你說這話時，你指的僅僅是粗實的物體③，你認爲你是與這種粗實的物體有分別、可以分開的，所以我並不反對你可以有物體的觀念；但是假定，像你所說的那樣，你是一個沒有廣延的東西，我堅決反對你有這樣東西的觀念。因爲，我請你告訴我們，你怎麼認爲有廣延的東西的形象或者觀念能夠被接受到你——也就是說，一種沒有廣延的實體——裡邊去呢？因爲，要麼這種形象是從物體產生的，那麼因此它就必然是有形體的，它就必然有它的彼此判然相別的一些部分，從而它就必然是有廣延的；要麼它是從別處而來的，而且是用別的方法而被感知的。不過，就是因爲它必

③ 指「肉體」。——譯者

然表象物體，而物體是有廣延的，那麼它就必須要有各部分，因此它就必須是有廣延的。否則，假如它沒有各部分，它怎麼表象各部分呢？假如它沒有廣延，它怎麼能表象一個有廣延的東西呢？假如它沒有形狀，它怎麼去感知一個有形狀的東西呢？假如它沒有位置，它怎麼能理解一個東西的這些部分高，那些部分低，這些部分在左，那些部分在右，這些部分在前，那些部分在後，這些部分直，那些部分彎呢？假如它沒有多樣性，它怎麼會表象各種各樣的顏色呢？……因此物體的觀念並不是完全沒有廣延的；但是，假如物體的觀念有廣延，而你沒有廣延，那麼你怎麼能接受它呢？你怎麼能使它和你配合得上呢？你怎麼掌握住它呢？你怎麼感覺它逐漸暗淡下去而最後消失了呢？

然後，關於你對你自己的觀念，在我主要關於「沉思二」上已經說過了，我沒有更多的話說。因爲，在那上面，大家看得很清楚，你絕不是對你自己有一個清楚、明白的觀念，而相反地，似乎你對你自己根本沒有觀念。因爲雖然你肯定知道你在思想，可是你並不知道在思想的你是什麼東西，因而儘管你清清楚楚地知道了這一個活動，但主要的你還不知道，即你還不知道這個實體是什麼，而思想只是這個實體的許多活動之一。從而我覺得我可以用一個瞎子來比喻。瞎子感覺到熱度，聽人說熱度是來自太陽的，因而會以爲對於太陽有一個清楚明白的觀念；這樣，假如有人問他太陽是什麼，他就會回答說這是一個發熱的東西。但是你將說，我在這裡並不是只說我是一個在思想的東西，我還說我是一個沒有廣延的東西。不過，先不要說這是一件你並沒有證明的事，雖然這在我們之間還是問題；我請你告訴我，你由此對你自己就有一個清楚、明白的觀念嗎？你說你不是一個有廣延的東西；當然我由此就知道了你不是什麼，但並不知道你是什麼。怎麼！爲了對於某一個東西有一個清楚、明白的觀念，也就是說，有一個眞實的、自然的觀念，難道不是必須正面地認識那個東西本身是什麼，也就是，姑且這樣說，肯定地認識那個東西嗎？光知道它不是什麼就夠了嗎？誰要是僅僅知道布塞法勒（Bucéphale）④不是一個蒼蠅，他對於布塞法勒就算有一個清楚、明白的觀念嗎？

然而，爲了不更多地在這上面糾纏，我只請問你：你說你是一個沒有廣延的東西；那麼你不是滲透到全身去嗎？當然我不知道你要怎麼回答；因爲雖然在一開頭時我認爲你僅僅是在大腦裡，這不過是僅僅由於猜測，而不是眞正相信這是你的意見。我的猜測是根據你不久以後所說的那句話。你說：**靈魂並不直接接受肉體一切部分的感觸，而僅僅接受大腦的感觸，或者也許大腦的最小的那些部分之中的一個部分的感觸**。但是這並不能使我完全肯定你究竟是在大腦裡，還是在大腦的一部分裡；因爲你

[339]

---

④ 布塞法勒（Bucéphale）是羅馬帝國亞歷山大大帝的坐騎的名字。——譯者

可以是散佈在全身裡而只能在一部分裡感覺到；正好像我們平常所說的：靈魂散佈在全身，然而它只能在眼睛裡去看。

底下這些話也使我懷疑。你說：**雖然全部靈魂似乎是結合在全部肉體上，……**因爲在那裡你眞的並沒有說你結合在全部肉體上，但是你也並沒有否認。然而，不管怎麼樣，我們首先假定，假如你願意的話，你散佈在全身，不管你和靈魂是同一的東西也罷，你和靈魂不是同一的東西也罷，我請問你，你——你從頭頂一直到腳底，你和你的肉體一般大，你的肉體有多少部分，你就有多少部分來與之配合——你難道沒有廣延嗎？你要說你沒有廣延，因爲你在整個身體裡邊是整個的，而在每一部分裡也是整個的嗎？如果你是這樣說，那麼我請問你，你怎麼去理解它呢？同一的東西能夠同時在許多地方都是整個的嗎？沒錯，宗教信仰教導我們聖體⑤的神聖的神秘性就是如此；但這裡我說的是你，除了你是一個自然的東西以外，我們在這裡考察的東西是僅

⑤「聖體」是天主教的「聖事」之一，是一種直徑約三釐米大小的、和紙一樣薄的麵餅，代表麵包和酒，按照天主教的說法，它眞實地、物質地包含了耶穌的血肉、靈魂和神聖性，教徒吃了它，就和耶穌在靈魂與肉體方面全面結合在一起。——譯者

就這些東西之能夠被自然的光明⑥來認知的角度上考察的。既然如此，能夠理解有好些地方而沒有好些東西住在那裡嗎？一百個地方不比一個地方多嗎？假如一個東西是整個地在一個地方，它能夠又在別的地方嗎，假如它不是在它自己之外，就像第一個地方在其餘的地方之外一樣？你願意怎麼回答就怎麼回答吧；不過，要知道你究竟是整個地在每個部分中呢，還是你是按照你自己的每個部分而在你的身體的每個部分裡，這至少是一件不清楚、不確定的事情；而既然任何東西都不能同時在許多地方這件事是更爲明顯的，那麼你不是整個地在每個部分裡，而僅僅是整個地在整個裡，由之你是按照你的每個部分而散佈在全身，因此你不是沒有廣延的，這件事也是更爲明顯的。

我們現在假定你僅僅是在你的大腦裡，或者是你僅僅是在你的大腦的最小的一些部分之一裡，你看這也仍然是不妥當的：不管這個部分是多麼小，它也仍然是有廣延的，而你也和它一樣，因而你也是有廣延的，並且你也有許多小部分，和它的一切小部分相配合。你不是也許將說，你把你和大腦連結起來的那一小部分當作一個點嗎？我不能相信是這樣；不過，就算是一個點吧；然而，假如說這是一個物理學上的點，

⑥ 即從理性上而不是從信仰上。——譯者

同一的問題照樣存在；因爲這個點是有廣延的，而且絕不是沒有部分的；假如這是一個數學上的點，你首先知道這是我們的想像做成的，事實上並沒有點。然而，我們假定有點，或者不如說，假想是在大腦裡有這些數學的點，你在其中的一個點上連結起來，你就住在這個點裡；那麼請你注意，這個假想是毫無用處的；因爲，不管我們怎麼假想，你也必須是正好在神經交匯的地方，爲靈魂所通知的一切部分都是從那裡把感官所知覺的東西的觀念或形象傳遞給大腦。但是，首先，全部神經並不達到一個點，這或者是因爲由於大腦一直延長到脊髓，因而在背上散佈著的許多神經都達到並終止到脊髓上；或者是因爲大家注意到伸向頭的中間的神經並不都終止於，或達到，大腦的同一個地方。即使它們都達到一個地方，它們的交匯也並不能終止於一個數學的點上；因爲這是一些物體，不是一些數學的線，不能匯集、結合到一個點上。即使它們可以匯集、結合到一個點上，沿著神經流動的動物性精氣也既不能從那一個點裡出來，也不能進到那一個點裡去，因爲它們是物體，而物體不像數學的點的那樣，它不能不在一個地位，不能越過一個不占地位的東西。就算它能不在一個地位，能越過一個不占地位的東西吧；然而，就像這樣地存在於一個既沒有地方，也沒有部位，既沒有左、右，也沒有上、下的點裡的你，你總不能辨認出東西從什麼地方來，向你報告什麼。關於你必須發送到全身以傳達感覺和運動的那些精氣，我認爲也是那樣，且不說不可能理解你怎麼把運動印到那些精氣上，假如你是在一個點裡，假如你不是一個物體，或者假如你沒有一個物體用以整個地接觸和推動它們的話。因爲，假如你說它們是自動的，而你只是指導它們的運動，你要記得你在某一個地方曾說過物體不能自動，因此我們可以推論你是它的運動的原因。然後請你給我們解釋，沒有某種專注，沒有從你這方面的某種運動，這種指導怎麼進行？沒有能動和所動的接觸，一個東西怎麼能對於另外一個東西去進行專注和努力並使之動起來呢？沒有物體怎麼能有這個接觸呢，既然自然的光明教導我們只有物體才能觸動和被觸動？

不過，既然應該是由你來告訴我們說你是一個沒有廣延的東西，因而是沒有形體的東西，那麼我爲什麼在這裡耽擱那麼多時間呢？我不認爲你想用大家習慣說的：人是由肉體和靈魂合成的這句話做證明，好像說假如把物體這個名字給了這一部分，那一部分就不能稱之爲物體。因爲，假如是這樣的話，那麼你就使我可能這樣地區分：人是由兩種物體合成的，一個是粗實的，另一個是精細的；既然把物體這一通常的名字給了前者，那麼就把後者稱爲靈魂或心靈。對於其他動物也可以這樣說，我相信你是不會同意它們也有同你一樣的一個心靈的，這且不說，只要你讓它們具有它們的靈魂，這對它們來說就足夠了。因此，當你結論說：**肯定地你和你的肉體是有分別的**，你看得出，非常可以同意你這一點，但你不能因此就不是有形體的，不是一種非常精細、稀疏的物體，有別於另外一種粗實的物體。

你接著說：**因而你可以沒有它而存在**。但是當人們同意你可以沒有這個粗實、濁重的身體而存在，就如同蘋果香氣從一個蘋果出來，散佈到空氣裡的時候一樣，這對你有什麼好處呢？當然，這比我以前所談過的那些哲學家所想的還稍多一些，他們認爲你一死就什麼都完了，不多不少正如同一個形狀一樣，面一改變，這一形狀就完全消失了，就完全不存在了。因爲，並不像他們所想的那樣，認爲你只是物體的樣式，而是除此之外你還是一種輕微的、精細的有形體的實體，因此我們不說你死了以後就完全消滅了，你又重新陷入你最初的無的狀態中去，而是說你殘存在你的彼此如此分散、孤立的各部分之中；由於你的各部分的過大的拆散、分離的緣故，你就不可能再有思想了，你就沒有權利再說你是一個在思想的東西，或者是一個心靈，或者是一個靈魂了。不過，我之反駁你所有這些東西，不是由於我懷疑你打算得出來的結論，而是由於我不相信你就這個問題所提出來的論據。

五、在這以後你又推論一些屬於這一類的別的東西，對於所有這些東西，我都不打算堅持。我只提出一件事情。你說：自然用疼痛、飢渴等等感覺教導你，使你知道**你不僅僅是住在你的身體裡，像一個領航員在他的船裡那樣；而是，除此之外，你和它非常緊密地連結在一起，融合、摻混得像一個整體一樣地同它合在一起。**因爲，你說：**假如不是這樣，那麼當我的身體受傷了的時候，我，這個僅僅是一個在思想的東西的我，就不會感覺到疼痛，而只會用理智去知覺這個傷，就如同一個領航員用視覺去知覺是否在他的船裡有什麼東西壞了一樣。當我的身體需要飲食的時候，我就直截**

了當地知道了這件事，用不著飢、渴的模糊感覺告訴我，因爲，事實上這些飢、渴和疼痛等感覺只是思想的某些模糊方式，它們是有賴於，並且來自，心靈和肉體的聯合和（姑且這樣說）混合。這話說得實在不錯，但是仍然沒有解釋出來：假如眞的像你所說的那樣，你是非物質的，不可分的，沒有絲毫廣延，那麼這種結合，這種類似的混合或混雜，怎麼能對你相稱呢？因爲假如你不比一個點大，你怎麼能和那麼大的全身來結合或聯合到一起呢？至少你怎麼和大腦或大腦的最小的一個部分連結起來呢，那一部分，就像我以前說過的那樣，不管怎麼小，也得有個大小，或有個廣延吧？假如說你沒有各部分，那麼你怎麼和那個物質的最精細的部分混合或類似混合在一起的（你承認你是和它們聯合在一起的），既然沒有互相能夠混合起來的部分就不可能有混合這個事實？假如你是完全不同於這個物質，你怎麼和它混合起來，和它合成一個整體呢？既然一切組合、結合或聯合都只能在各部分之間才能有，那麼這些部分之間不應該有一定的相稱性嗎？但是在一個有形體的東西和一個無形體的東西之間，你能夠理解也有一個什麼相稱性嗎？我們能夠理解，譬如說，在一塊輕石裡邊，空氣和石頭是怎麼摻混和結合在一起而成爲一種眞正的、自然的組合物嗎？然而在石頭和空氣之間的相稱性要比物體與心靈之間的相稱性大得多，因爲石頭和空氣都是物體，而心靈完全是非物質的。再說，一切結合，不應該是由兩個結合起來東西的非常緊密、非常親切的接觸而成的嗎？然而，我剛才說過，沒有物體，怎麼去接觸呢？一個有形體

[344]

的東西怎麼能把一個無形體的東西拿過來接合和連結到它自己上呢？或者，無形體的東西怎麼能附著於有形體的東西上來互相結合、連結合起來，假如在它裡邊沒有任何東西可以用以連結它或用以被它連結呢？關於這一點，我請你告訴我，既然你自己承認你能感覺疼痛，那麼像你那種性質和情況，即是說，你是無形體的，沒有廣延的，你怎麼能夠經驗這種感覺呢？因爲疼痛的印象或感覺，假如我理解得不錯的話，是來自各個部分的一定的拆散或分離，這種拆散或分離是在某種東西溜進各部分之間以致斷絕了它們以前存在的連續性的時候發生的。沒錯，疼痛是一種違反天性的情況；不過，一種東西，它天性一向是一致的、單純的、同一方式的、不可分的、不可能接受改變的，怎麼能把它置於違反天性的情況中去呢？疼痛既然是一種變壞，或不能沒有變壞而發生的情況，那麼一種東西，它既然是比點還更不可分，不可能改變成爲別的東西或不可能使它不再是它之所以爲它的東西而不完全消滅，那麼它怎麼能變壞呢？再說，當疼痛是自腳上、臂上以及其他好幾部分一起發生的時候，在你裡邊不是必須要有許多不同的部分來不同地把疼痛接受到裡邊去，以免於使疼痛的感覺模糊不清，使你覺得好像是來自一個部分？不過，總而言之，總的問題仍然存在，即要知道有形體的東西怎麼使之被感覺，怎麼與無形體的東西進行交通，在有形體的東西與無形體的東西之間的相稱性怎麼能建立起來。

[345] 六、對於你後來爲了指出在上帝和你之外在世界上還有別的東西存在而非常豐富

地、非常漂亮地論證的其他東西，我就都不提了。因爲首先你推論你有一個肉體和一些肉體的功能，此外在你的肉體周圍還有許多別的物體，那些物體把它們的形象送到你的感官裡邊，這些形象就是這樣地從那裡傳到你那裡，並且在你裡邊引起來快樂和痛苦的感覺，這些感覺就告訴你對這些物體要去趨就和去躲避。

從所有這些東西裡邊，你最後得出這樣一個結論，即：**既然你所有的全部感覺通常在物體的安與危上向你報告的多半是眞的而不是假的，那麼你就不用害怕感官每天告訴你的那些事物都是假的。**關於你在睡著時做的夢，你也認爲是這樣。**夢不能同你的生活的其他一切行動連結起來，像你醒著所遇到的那些事物那樣**；這就說明在你思想裡邊有眞實性的東西，**必然是在你醒著的時候所有的那些，而不是在你夢中的那些。由於上帝不是騙子，因而**，你說，**必然地你在這上面就沒有受騙，而在你醒著的時候向你表現得如此顯明的東西，也一定不可能不是眞實的。**你在這方面的虔誠實在令我敬仰，同樣也必須承認，你在你的著作中的最後幾句話也是非常有道理的：**人的生活是可能會犯很多錯誤的，必須承認我們的本性的弱點和殘缺。**

先生，以上這些就是我在心裡對於你的「沉思」所想到的一些意見；但是，我把我在開頭時所說過的話再說一遍：這些意見沒有什麼重要，不值得你去費心；因爲我不認爲我的判斷值得你重視。因爲，譬如一塊肉很合我的口味，而我看到它不合別人的口味，這時我並不認爲我的口味比別人的口味高；同樣，當一種意見爲我所喜歡而別人的心靈並不以爲然的時候，我絕不想我的意見是最眞實的。我倒相信「各有所好」這話說得十分好；我認爲要讓大家都有同樣的感覺和要讓各人的口味都一樣，這差不多是同樣不公道的。我這樣說，是爲了使你相信，我不反對你對我這些意見隨便做怎樣的判斷，或者甚至認爲它們毫無價值：只要你承認我願爲你服務的感情，只要你不忽視我對於你的品德的尊敬，這對我就已經足夠了。說不定我也許說了什麼失禮的話，因爲在爭論的時候更容易激動，這是常有的事。假如是這樣的話，那絕不是我的本意，我完全同意把它從我的文章裡邊塗掉；因爲我可以向你保證，我最初和唯一的意圖只在於享有你的友情的榮譽，並且把這種友情完整無缺地保存下來。再見。

[346]

譯後記

一、本書是對笛卡兒《形而上學的沉思》的七篇詰難的第五篇。七篇〈詰難〉（Objection）和笛卡兒的〈答辯〉（Reply），和《形而上學的沉思》一樣，原來都是用拉丁文寫的，附在《形而上學的沉思》後面。第一版於一六四一年出版，包括前六篇〈詰難〉和〈答辯〉；第七篇〈詰難〉和〈答辯〉是在第二版（一六四二年）裡加進去的。

二、《形而上學的沉思》的法文版第一版於一六四七年出版，包括前六篇〈詰難〉和〈答辯〉。《沉思錄》的譯者是德呂納（De Luynes），〈詰難〉和〈答辯〉部分都是克萊爾色列（Clerselier）譯的。全書（除去第五篇〈詰難〉和〈答辯〉）都經過笛卡兒親自校閱過，並做了適當的增訂，因此一般公認《形而上學的沉思》法文版比拉丁文版價值高。伽森狄的〈詰難〉（即第五篇〈詰難〉），笛卡兒原意不想把它放在法文版裡，因此法文譯文沒有經過笛卡兒校閱過。

三、本書是根據克萊爾色列譯的法文版翻譯的（手頭有的書是*Oeuvres de Descartes, Paris*, Charpentier, 1865）。在翻譯時也參考了哈耳丹（E.S. Haldane）

和羅斯（G.R.T. Ross）的英譯本（*The Philosophical Works of Descartes*, Cambridge University Press, 1912）。

四、本書引用笛卡兒《沉思錄》中的話的地方很多，但伽森狄經常把原話的第一人稱改換爲第二人稱，這樣一來就很不適合我國使用引號的習慣；因此就根據拉丁文原版，一律不用引號而改用粗體字表示，以示區別。此外，這些引語和《沉思錄》中的原話，在文字上有出入的地方不少，翻譯時在譯文上能一致起來的地方都已儘量使其一致，不能一致的地方並未強求一致，而個別相差較遠的地方，已在譯文中注出。

五、本書著者伽森狄（Gassendi）近來在有些書裡寫作「伽桑狄」。按“ssen”在法文裡一般讀爲「桑」（sang），但恰恰在Gassendi以及gassendisme（伽森狄主義）這兩個詞上應該讀作「森」（sen）。現在在這位偉大的古典唯物主義者的著作還是第一次用中文出版時，考慮到如果借此機會把他的譯名更正過來，應該算是及時的。同時也建議把「伽」字讀作ga，專用爲外文ga的譯音（我國古時就用「伽」譯ga的音，如yoga譯爲「瑜伽」，samgha譯爲「僧伽」等）。

譯者

伽森狄年表

年代	生平紀事
一五九二	一月二十二日出生於法國普羅旺斯省尚太爾西耶。
一六一〇	進入阿維尼翁神學院深造。
一六一四	在阿維尼翁神學院取得神學博士學位。
一六一七	擔任艾克斯大學哲學教授。
一六二三	因在自己的著作中批判了經院哲學，耶穌會教士們對他進行排斥和打擊，被迫去職。此後繼續從事天文學、數學和哲學的研究。
一六二四	發表《對亞里斯多德的異議》。
一六三一	出版《水星凌日》一書，伽森狄隕石坑便是以他命名。
一六三四	擔任迪尼大教堂主監。
一六四一	一六四〇年所寫出的詰難收在《形而上學的沉思》裡作為第五篇詰難，連同笛卡兒的答辯於一六四一年出版。
一六四五	遷居巴黎，被聘為法蘭西皇家學院數學教授。
一六四六	發表《關於重物下落的加速》和《天文學指南》。

年代	生平紀事
一六四七	返回故鄉迪尼養病。在這期間他深入且有系統地研究伊比鳩魯哲學，關於伊比鳩魯的著作大部分是這段期間寫作完成的，如：《關於伊比鳩魯的生、死和快樂學說》和《伊比鳩魯哲學體系》。
一六五三	再度前往巴黎。
一六五五	病逝於巴黎。
一六五八	主要哲學著作《哲學大全》和《伊比鳩魯哲學大全》都在此年出版（即他死後才出版）。

索引

一、人名索引

三畫

四畫

五畫

六畫

七畫

八畫

九畫

十畫

十一畫

一、名詞索引

六畫

七畫

八畫

經典名著文庫003

對笛卡兒《沉思錄》的詰難

作　　者 — 伽森狄（Pierre Gassendi）
譯　　者 — 龐景仁
發 行 人 — 楊榮川
總 經 理 — 楊士清
文庫策劃 — 楊榮川
副總編輯 — 黃文瓊
責任編輯 — 吳雨潔
特約編輯 — 廖敏華
封面設計 — 姚孝慈
著者繪像 — 莊河源
出 版 者 — 五南圖書出版股份有限公司
地　　址 — 台北市大安區 106 和平東路二段 339 號 4 樓
電　　話 — 02-27055066（代表號）
傳　　眞 — 02-27066100
劃撥帳號 — 01068953
戶　　名 — 五南圖書出版股份有限公司
網　　址 — http://www.wunan.com.tw
電子郵件 — wunan@wunan.com.tw
法律顧問 — 林勝安律師事務所　林勝安律師
出版日期 — 2018 年 11 月初版一刷
定　　價 — 280 元

版權所有・翻印必究（缺頁或破損請寄回更換）
本書的譯文由商務印書館有限公司授權（臺灣）五南圖書出版股份有限公司在臺灣地區出版發行繁體字版

國家圖書館出版品預行編目資料

對笛卡兒<<沉思錄>>的詰難 / 伽森狄(Pierre Gassendi) 著；龐景仁譯．-- 初版 -- 臺北市：五南，2018.11
面；公分．—（經典名著文庫 003）
譯自：Oeuures de Descartes
ISBN 978-957-11-9992-4(平裝)

1. 笛卡兒(Descartes, René, 1596-1650)　2. 學術思想
3. 哲學

146.31　　107017162